L'ARTIFICE NATIONALISTE

Eugène FASQUELLE, éditeur, 11, rue de Grenelle, PARIS

DU MÊME AUTEUR

DANS LA BIBLIOTHÈQUE-CHARPENTIER

à 3 fr. 50 le volume

Chez nos petits-fils............................ 1 vol.

L'Ame de demain.............................. 1 vol.

Il a été tiré de cet ouvrage :

CINQ EXEMPLAIRES NUMÉROTÉS A LA PRESSE SUR HOLLANDE

EUGÈNE FOURNIÈRE

L'ARTIFICE NATIONALISTE

PARIS
BIBLIOTHÈQUE-CHARPENTIER
EUGÈNE FASQUELLE, ÉDITEUR
11, RUE DE GRENELLE, 11

1903

A LA MÉMOIRE

D'ÉMILE ZOLA

Au moment où je traçais les dernières lignes de cet ouvrage, un affreux et stupide accident terrassait en pleine vigueur l'ouvrier de vérité et de justice que fut Émile Zola.

Dans la douloureuse stupéfaction où me jetait l'épouvantable nouvelle, je songeai qu'il avait été le premier combattant, notre premier défenseur, dans le suprême assaut que livrent au présent, forteresse de l'avenir, les hommes du passé.

Alors que les mandataires publics n'apercevaient pas encore le péril, ou le niaient pour se dérober au risque glorieux de l'impopularité militante, il voyait comme Isaïe, il avertissait comme Jérémie, il luttait comme Eschyle.

Le combat ne s'est pas terminé avec l'incident électoral d'il y a quelques mois. Prendre une escarmouche heureuse pour une victoire définitive, s'endormir sous des lauriers qu'on n'a pas pris la peine de couper, c'est s'exposer aux surprises, aux retours offensifs, aux servitudes qui mettent en pénitence une génération pour les fautes de celle qui l'a précédée.

J'avais projeté d'examiner les ressorts accidentels et permanents du mouvement contre lequel Émile Zola se dressa, lorsque parut l'ouvrage de M. Jules Soury. Cette *Campagne nationaliste* me fortifia dans mon dessein, car M. Jules Soury est, dans la science et dans le haut enseignement, un personnage considérable.

Traitant les hommes vivants et agissants comme d'inertes pièces anatomiques, M. Jules Soury a apporté dans la lutte sociale et politique ses procédés de laboratoire, et justifié la force opposée au droit, l'inconscience à la raison, l'hérédité à l'éducation...

Le présent livre est une réponse directe au livre de M. Jules Soury. Cette réponse devait n'être d'abord qu'un article de revue ; mais elle a vite pris les proportions d'une brochure et, finalement, a grossi jusqu'au volume, sans que la matière ait été épuisée. Mais il faut se borner.

Au pied de cet héroïque monument : la vie et l'œuvre d'Émile Zola, je dépose ma gerbe. Cette poignée de feuillets ne vaut que par la passion de vérité et de justice qui les inspira. Puisse l'offrande, par laquelle j'atteste ma communion avec les constructeurs en pensée et en action de la cité future, n'être pas tout à fait indigne du grand citoyen que la France pleure, du grand écrivain que le monde admire.

3 octobre 1902.

L'ARTIFICE NATIONALISTE

I

LES DÉFINITIONS DU NATIONALISME

C'est à vous, Monsieur, que j'adresse ce travail, et je vous avoue immédiatement mon ardent désir de vous convaincre. Une œuvre de polémique aurait peu de chance d'amener ce résultat chez l'homme de science que vous êtes, et que nous admirons tout en déplorant son erreur présente. Cette erreur, à mon sens, tient à plusieurs causes, dont voici une des principales.

Vous êtes un savant et vous êtes un philosophe. Mais, par une originalité qui est ici pernicieuse au plus haut point, vous vous distinguez de tous les savants qui se sont aventurés sur le terrain de la philosophie en ceci :

que vous ne constituez pas votre philosophie sur le département scientifique où vous exercez une maîtrise incontestée, mais la fondez uniquement sur le raisonnement pur, ou plutôt sur le sentiment.

Pour combattre votre nationalisme, je veux me placer sur le terrain que vous avez quitté : celui des faits observés et vérifiés. Je ne suis pas un savant, il s'en faut ; et pourtant je suis certain de vous battre, c'est-à-dire — car j'ai l'horreur du style belliqueux et je souffre, trop d'autre part, de voir errer un esprit tel que le vôtre — j'ambitionne de vous convaincre. Et ce n'est pas à moi qu'en reviendrait le mérite, mais à votre profonde sincérité et aux instruments de précision scientifique que vous avez vous-même forgés pour, hélas ! les rejeter au moment où vous en auriez le plus besoin.

D'abord, qu'est-ce que le nationalisme ? Ici commencent les difficultés, car on ne s'est pas encore entendu sur une définition précise. Pour M. Maurice Barrès, pour M. Paul Bourget, vos élèves les plus en vue, pour M. Georges Valerie, pour vous-même, il est « la voix des morts, le sens héréditaire[1] ».

1. Georges Valerie, *Notes sur le Nationalisme français*, p. 3.

Cela veut dire quelque chose, cela est précis, accessible à l'esprit le plus simple, à tout esprit, par conséquent. Un conservateur y voit la tradition, le culte et l'imitation du passé ; un positiviste, l'élément statique du vaste organisme social ; un évolutionniste, la formule même de l'hérédité. Vous êtes évolutionniste, et définissez vous-même la patrie « la terre des morts ».

Nous pourrions nous en tenir à cette définition, mais M. Jules Lemaître ne le permettrait certainement pas, ni ses alliés à double face libérale et démagogique. Et, comme la doctrine nationaliste se manifeste par un parti, agit par ce parti, et que, de ce parti, M. Jules Lemaître est le chef, force nous est de voir si M. Jules Lemaître définit le nationalisme de cette manière simple et expressive.

A dire vrai, je n'ai pas trouvé, dans les écrits de M. Jules Lemaître, une définition du nationalisme. Il le commente abondamment, mais ne le définit pas. Et quand il agit comme chef de parti, c'est plutôt pour en embrouiller la notion. Ainsi, lorsqu'il se débarrasse de M. François Coppée, son co-président de la Ligue de la Patrie Française, jugé compromettant à cause de ses opinions cléricales, nous sentons que M. Jules Lemaître se dérobe à la définition précise que vous donnez du nationalisme.

L'unité religieuse que veut M. François Coppée, avec vous, avec tous les doctrinaires du nationalisme, par l'extirpation des juifs, des protestants, des francs-maçons, en un mot, de tous les non-conformistes, on pourrait croire que M. Jules Lemaître ne la veut pas. De votre doctrine, donc, il en prend et il en laisse.

Qu'est-ce qu'il prend ? Qu'est-ce qu'il laisse ? Cela n'a aucune importance au point de vue philosophique, peut-être, mais cela est grave au point de vue politique, puisqu'il est le chef agissant du nationalisme. Un chef de parti n'est pas tenu d'être un philosophe, évidemment ; et je me garderai bien de pousser l'exigence aussi loin vis-à-vis de M. Jules Lemaître.

Mais il est tenu de conformer ses actes à la doctrine. Et quand les actes, par les nécessaires traverses de la politique, semblent s'éloigner de la doctrine, il doit compte aux doctrinaires des raisons qui le font agir. Vous êtes la tête, Monsieur, et il est le bras. Dans quelle mesure ce membre obéit-il à l'impulsion du centre nerveux ?

Vous me direz que c'est à vous, non à moi, de lui demander compte. Vous me rappellerez qu'il a pris la précaution lointaine de déclarer, naguère, qu'un homme politique est tenu de mentir sept fois par jour. J'accepte qu'il mente, puisqu'il considère que mentir est une nécessité politique. Mais le mensonge ne peut porter sur l'affirmation doctrinale, sur la raison d'être d'une formation politique.

Que penserait-on d'un catholique qui s'écrierait : C'est parce que je suis catholique que je demande la tête de tous les curés ! On ne dirait même pas : Il ment ; on dirait : Il est fou. Mentir dans les moyens, pour atteindre plus sûrement le but, soit, puisqu'il y a des gens qui croient ne pouvoir gouverner que par le mensonge. Mais défigurer le but, dénaturer la raison d'être d'un groupement politique, ce n'est plus mentir aux autres, c'est se mentir à soi-même, c'est se mettre en état de contradiction et d'incohérence.

Et c'est bien l'état où se trouve votre parti, dès que vos politiques essaient de le définir. Je prends par exemple le *Manuel du bon citoyen*, publié par eux et répandu à profusion en France à l'occasion des élections d'avril. Ce manuel, qui est une sorte de catéchisme nationaliste, est orné des portraits de MM. Jules

Lemaître et François Coppée, et, comme tous les catéchismes, formule la doctrine par demandes et par réponses. Or, en fait de définition, j'y lis ceci :

« — Qu'est-ce que le parti nationaliste ?

« — C'est la réunion de tous les braves gens qui veulent secouer le joug des francs-maçons et des juifs, joug ruineux et déshonorant pour notre pays. »

Voilà une définition orthodoxe. Bien que les protestants soient oubliés dans l'énumération, on comprend tout de suite que le nationalisme veut l'unité religieuse comme fondement de l'unité nationale.

Je pourrais donc m'arrêter là et croire à l'homogénéité doctrinale du nationalisme et à l'accord entre les théoriciens et les politiques. Mais, poursuivant la lecture du *Manuel*, j'apprends que « le parti nationaliste n'est pas clérical. Il veut que chacun soit libre de penser, d'agir et de croire comme il l'entend ». J'entends bien que cette liberté est revendiquée contre les juifs et les francs-maçons, qui sont accusés de faire peser « le joug » sur les catholiques.

Mais vous qui vous proclamez clérical, est-ce seulement pour libérer les catholiques de l'oppression que vous avez écrit et agi ? A qui ment ici l'homme politique qu'est devenu M. Jules Lemaître? A vous, en niant votre but clérical? A nous, en affirmant qu'on nous laissera la liberté de ne pas aller à la messe? Je suis porté à croire qu'il vous ment, quand je le vois expulser de sa Ligue le clérical François Coppée, et qu'il nous ment, quand il promet la liberté aux non-catholiques. Il nous ment, car il sait qu'il ne pourra tenir sa promesse que si son parti n'est pas le plus fort.

Peu importe à qui mente M. Jules Lemaître. Mais il importe de savoir si la doctrine nationaliste est une, et s'il n'y a pas contradiction entre la pensée et les actes.

Or, pour M. Jules Lemaître, la définition du nationalisme comporte une restriction. Le *Manuel* n'est pas de sa main; mais l'expulsion de M. François Coppée nous dit assez haut qu'il l'a dicté. M. Jules Lemaître donne donc au nationalisme un caractère libéral que lui refuse la doctrine que vous avez formulée. Querelle de mots! direz-vous. Possible, mais ce sont *vos* mots qui se querellent, et non ceux que nous vous appliquons.

Vous dites: « Je suis clérical[1]. » M. Jules Lemaître répond: « Le parti nationaliste

1. Jules Soury, *Campagne nationaliste*, p. 43.

n'est pas clérical. » Il n'y a qu'un moyen de résoudre cette difficulté : c'est de déclarer que le nationalisme est clérical, mais que le parti nationaliste ne l'est pas.

Il est vrai qu'il est un autre moyen : c'est de déclarer que vous n'êtes pas nationaliste. Mais, plutôt que d'y recourir, et de vous donner un aussi flagrant démenti, à vous qui, au rebours de M. Jules Lemaître, proclamez votre horreur du mensonge (pourquoi n'avez-vous pas la même répugnance pour les menteurs!), j'aimerais mieux déclarer que c'est M. Jules Lemaître qui n'est pas nationaliste. Et cela est impossible, puisque le nationalisme a un parti, je ne dis pas : est un parti, et que M. Jules Lemaître est le chef de ce parti.

II

LE SENTIMENT DE LA NATIONALITÉ

Pourquoi M. Jules Lemaître laisse-t-il en souffrance la partie cléricale du nationalisme? Parce que d'autres que lui, avant lui et avant vous, ont fondé un nationalisme qui n'est pas le vôtre, puisqu'il est républicain et basé sur le droit des nationalités. Ce nationalisme est né au cœur des Français lors de la proclamation des Droits de l'Homme, ces droits de l'homme qui vous inspirent de si furieux anathèmes. Au temps où les aristocrates se réfugiaient à Coblence, les républicains s'intitulaient patriotes; même ils ne voyaient pas dans les soldats étrangers des ennemis, mais les esclaves et les victimes des despotes européens Tout en luttant pour libérer le sol national envahi, ils songeaient à envahir les pays d'Europe pour créer une patrie aux Allemands, aux Italiens, à tous les peuples.

Cependant, il ne fallait pas, pour gagner

les héritiers des patriotes, perdre les descendants des émigrés et leurs tenants. Aussi, après avoir montré aux premiers sa face libérale et tolérante, M. Jules Lemaître se tournait vers les seconds et leur disait, parlant de ceux qui, comme nous, soumettent à la critique et à ses analyses toutes les institutions :

« Ils ne comprennent pas que notre amour pour l'armée et pour la France a toute la profondeur et le caractère anticritique d'un sentiment religieux[1]. »

Un autre littérateur, qui n'a posé qu'un pied sur la margelle de la politique, M. Brunetière, appuyait de son autorité doctorale cette interprétation. Il disait : « L'idée de patrie a un fondement mystique. Le principe de sa force est dans ce qu'on trouve en elle qui résiste à l'analyse, d'irréductible à autre chose, d'obscur et de mystérieux. »

Eh bien, Monsieur, je vous le demande en conscience, à vous savant, pour qui tout phénomène humain, donc naturel, doit être l'objet d'une recherche désintéressée : pouvez-vous accepter que l'on puisse soustraire l'idée de patrie à l'analyse ? Je sais que vous séparez

1. *Figaro* du 14 avril 1898.

les choses de science des matières de foi, et je saurai vous quereller à temps sur cette séparation conciliatrice. Mais avez-vous classé le phénomène « patrie » dans la catégorie de l'inconnaissable, comme vous avez fait de Dieu, l'âme, la vie éternelle, etc.? Si vous tenez à trouver une excuse à MM. Jules Lemaître et Brunetière, avouez qu'ils ne sont pas plus savants que philosophes, — et parlons d'autre chose.

Ou, plutôt, parlons de la même chose, mais avec un interprète du nationalisme plus sincère ou mieux informé que ces deux académiciens. Lorsque M. Georges Valerie constate que, « des diverses formes de l'association, la nation est la seule que la pensée moderne ait respectée », il dit une chose fort juste. C'est même grâce à la Révolution française que « hors de France... les nations pareillement se resserrent, prennent conscience d'elles-mêmes ». Décidé à rendre pleine justice à la Révolution française, M. Georges Valerie ajoute : « La conquête s'exerçant sur des peuples majeurs, voilà ce que la théorie des nationalités a courageusement attaqué et sûrement ruiné [1]. »

1. *Notes sur le Nationalisme français*, pp. 7 et 8.

Nous y voici donc et sans effort. Il n'y a plus rien de mystique, ni de mystérieux, par conséquent, dans la formation du sentiment patriotique. Dès que le citoyen existe, le patriote naît en lui. L'esclave ni le serf ne furent patriotes. Ils ne devaient rien à la cité qui ne leur donnait rien, et peu leur importait que la conquête les fît changer de maîtres.

Et, comme la Révolution avait proclamé, non les Droits du Français, mais les Droits de l'Homme, ce ne fut pas seulement le patriotisme français qui s'affirma ce jour-là dans le monde, mais le patriotisme de ceux qui voulaient exister à l'état de citoyens dans leurs patries respectives. L'immigration, la conquête, les mariages royaux, les traités, peu importe ! ont constitué à travers les siècles des groupements humains qu'une langue commune, une littérature, une religion, des mœurs, des intérêts, ont amenés à l'état d'unités ethniques. Il ne leur manquait, pour être des peuples, que d'être composés de citoyens. Je vous laisse à chercher si les sujets voulurent être citoyens pour avoir une patrie et cesser d'être morcelés, cédés, vendus d'un prince à l'autre au gré des guerres, des traités ou des mariages de leurs seigneurs souverains, — ou s'ils furent patriotes pour devenir citoyens, c'est-à-dire maîtres chez eux comme le charbonnier l'est chez lui.

Le droit des nationalités remplaça dès lors le droit historique, né de la conquête et des traités. Celui-ci puisait sa force dans la force. Celui-là voulut la tenir du libre consentement des peuples. C'est un procès qui n'est pas encore terminé, que celui engagé, il y a un peu plus d'un siècle, entre ces deux droits. Les Allemands s'appuient sur le droit historique pour motiver leur mainmise sur l'Alsace et la Lorraine. Nous, Français, nous réclamons ces deux provinces au nom du droit des nationalités, et nous invoquons comme titre leur protestation permanente contre la violence qui les sépara de nous. Même l'alliance russe, Monsieur, cette alliance qui vous alarme autant que moi et vous indigne davantage, ne prescrit pas notre droit. Même si nous y renoncions, il ne serait pas prescrit tant que l'Alsace-Lorraine n'aurait pas consenti librement son incorporation à l'Allemagne. Mais, si elle la consentait, nous n'aurions plus alors qu'à nous incliner au nom même du droit des nationalités.

Je sais, Monsieur, que vous ne croyez qu'au droit de la force. Je sais aussi que vous pouvez vous appuyer sur tous les exemples de l'histoire pour justifier cette cruelle théorie. Et c'est là un des douloureux secrets de votre nationalisme: Si je vous affirme que je crois à l'avènement de la force du droit, vous penserez avoir beau jeu contre moi. Je pourrais, en effet, vous affirmer avec tout autant d'assurance que, dans l'avenir, les gens marcheront sur les mains.

Mais je veux fortifier d'abord mon affirmation de celle de l'écrivain nationaliste que je vous ai déjà cité. « L'existence des nationalités, dit M. Georges Valerie, loin de former obstacle à un ordre international, exactement en est la condition. » Et il ajoute avec un véritable sens historique : « Au moyen âge, l'idée d'un ordre international était prématurée[1]. » Elle l'était sans doute également au moment où surgit la Révolution française qui, partie pour libérer les peuples et leur constituer des nationalités, les vit se dresser contre elle ; et c'est aux dépens de la France qu'en 1815, la nation allemande prit conscience d'elle-même et commença le travail d'un demi-siècle qui la réalisa comme nation.

Vous voyez, Monsieur, que j'accumule à

1. *Notes sur le Nationalisme français*, p. 8.

plaisir les difficultés de ma tâche en vous avouant sincèrement ces vérités historiques. Mais mon jeu est si beau que je puis vous laisser quelques atouts, je vous le dis sans offenser la modestie, attendu que ce n'est pas moi qui vais parler, mais les faits.

Les hommes de 1792 ont commis une faute en transformant la guerre pour la défense du sol national en guerre de propagande pour la libération des peuples voisins. Mon ami Jaurès, dans son *Histoire socialiste*, croit que cette faute est imputable aux Girondins, légers et infatués, grisés de théories et de phrases, et qu'on eût pu l'éviter[1]. C'est aussi mon avis. En envahissant les pays voisins, nos patriotes suscitèrent des patriotes, mais ce fut contre eux. Et la guerre de propagande s'acheva en guerre de conquête. Et, parties pour porter aux autres peuples la liberté, nos armées se retournèrent contre la République et nous amenèrent le despotisme et une guerre permanente de quinze ans.

Pourquoi tous ces malheurs? Parce que les autres peuples n'étaient pas mûrs pour la liberté, au moment où nous la leur por-

1. *Histoire socialiste*, t. II, pp. 210 et suiv.

tâmes. Parce que, même mûr pour la liberté, un peuple qui en est vraiment digne ne l'accepte pas des baïonnettes étrangères. J'excepte naturellement les peuples qui ont à se libérer non d'un despote national, mais d'une tyrannie étrangère. Les Liégeois et les Wallons nous accueillirent; leur empereur autrichien était un étranger pour ces peuples de langue française. Les Flamands nous subirent, et, fidèles à leurs princes autochtones, les Allemands nous combattirent.

N'importe, la grande et juste cause des nationalités avait été servie. Le droit nouveau avait été fondé à nos dépens. Nous l'avions mérité, d'abord par notre imprudence, ensuite par notre reniement de ce droit que nous avions été les premiers à proclamer, ce qui eût dû écarter de nous, plus que tout autre, la pensée de le méconnaître. Ce Napoléon que vous admirez — et que je maudis plus que je ne maudirais le malheureux Dreyfus, s'il était coupable d'un autre crime que d'être juif — quand les peuples virent qu'il les donnait en apanage à ses frères, beaux-frères et généraux, ils reconnurent en lui l'ennemi du principe même du droit des nationalités.

La dérision fut à son comble quand ce

libérateur de l'Italie entra dans la famille la plus représentative du viol permanent du droit des nationalités. Alors naquit, en chaque peuple violenté par nos armes et opprimé par nos princes de fabrique trop récente pour être respectables, un nationalisme, non pas libéral comme celui qui animait nos patriotes de 1792, mais nettement conservateur.

Mais je n'ai pas à vous apprendre, Monsieur, que rien n'est absolu dans les mouvements humains. Notre brutal César était, quoi qu'il fît, un produit de la Révolution. Cette révolution portait la guerre et la dévastation au dehors; mais, au dedans, elle avait libéré l'individu de servitudes séculaires, elle avait proclamé la liberté et l'égalité, supprimé les formes féodales de la propriété, reconnu des droits au plus humble membre de la famille humaine, adouci les codes criminels; bref, donné quantité de biens que vous apprécieriez davantage s'ils étaient encore à obtenir.

II

LE LIBÉRALISME ET LES NATIONALITÉS

L'esprit de liberté devint, en Europe, inséparable de l'esprit de nationalité. Dès que Napoléon eut cessé d'être un danger pour l'un comme pour l'autre, les rois qui avaient cru vaincre à la fois, en la personne des Français, cet esprit de liberté et de nationalité, virent avec stupéfaction quels progrès il avait fait parmi leurs sujets. Ils avaient écrasé l'idée de révolution et de nation dans son foyer initial, et ils la retrouvaient sous leur propre trône. La protestation du droit des nationalités s'élevait sourdement contre les traités de 1815, et le nationalisme lombardo-vénitien était en même temps une protestation contre l'absolutisme des Habsbourg.

Ces traités de 1815, si flagramment hostiles au droit des nationalités, furent tout à coup déchirés, proclamés caducs, du haut des barricades de Juillet, et, par contre-coup, la

Belgique naquit comme nation. Tous ceux qui se réclamaient en Europe de la liberté et de la nationalité tournèrent alors les yeux vers la France. Il fallut les dix-huit années de paix à outrance du règne de Louis-Philippe pour convaincre les rois que la France avait renoncé à recommencer la grande tournée de propagande de 1792.

Les barricades qui renversèrent le roi des barricades firent surgir le libéralisme et la nationalité en Allemagne, en Italie, en Autriche, en Hongrie. Cette fois, peut-être, la guerre de propagande eût été la bienvenue. Deux révolutions libérales avaient rassuré tous ceux qui, en Europe, aspiraient à la liberté et à la nationalité. Ce fut au chant de la *Marseillaise* que se firent les mouvements de Berlin et de Vienne.

Mais l'esprit libéral n'était pas suffisamment réveillé en France : les journées de Juin dégoûtaient les bourgeois de la République, et la répression féroce qui suivit cette convulsion en détacha les ouvriers. Et sous le couvert de la deuxième République, la seule guerre de propagande qui fut faite eut pour objet le rétablissement du pape dans son domaine temporel, c'est-à-dire une violation du droit des nationalités, puisque les Romains avaient chassé le pape et s'étaient mis en république.

Désormais, sauf en Italie, les nationalistes d'Europe cessèrent de regarder la France comme exemple et le libéralisme comme moyen. Les trônes composèrent avec le nationalisme, et en Allemagne ils prirent la tête du mouvement. La faute n'en fut ni au libéralisme, ni à la France, mais aux temps qui n'étaient pas encore venus. Il n'en faut pas incriminer les idées, mais les cerveaux, qui étaient encore incapables de les recevoir et de les exprimer en actes.

Après tant d'autres écrivains, y compris Proudhon, qu'il néglige de citer, M. Goyau fait un crime à Napoléon III d'avoir cédé aux instances et aux menaces des libéraux et des républicains en coopérant puissamment à l'unité italienne[1]. Moi aussi, mais pour une autre raison.

Napoléon III n'avait aucune qualité pour représenter le principe des nationalités. Son pouvoir avait son origine dans un attentat contre le libéralisme. En matière internationale, il pouvait bien représenter le droit de la force contre le droit historique, c'est-à-dire

1. *L'Idée de patrie et l'humanitarisme*, pp. 212 et suiv.

une des formes du droit historique, mais à aucun degré le droit des nationalités. Il était l'ennemi à la fois des libéraux et des nationalistes qui le poussaient à l'intervention et des monarchies qui la combattaient. Par sa situation même, il était incapable de réaliser le programme des nationalités, et si l'Italie renaissante reçut de ses mains la Vénétie, ce fut en réalité la Prusse qui, après Sadowa, l'avait arrachée aux Habsbourg. Et, quand l'Italie voulut se couronner de Rome, et se parfaire, elle trouva devant elle les chassepots de Napoléon III. Donner et retenir ne vaut. Cette fois encore, le principe des nationalités fut servi contre nous, en Italie comme en Allemagne, non par la faute du principe, mais par la faute du gouvernement antilibéral qui s'était chargé de l'appliquer.

L'erreur des libéraux et des républicains français ne fut donc pas, comme l'a cru M. Goyau, d'avoir voulu les États-Unis d'Europe sur la base des nationalités librement constituées. Elle fut d'avoir cru pouvoir employer à cette œuvre de révolution le plus dangereux instrument de réaction.

Mais, admirez comme ces efforts désordonnés, ces mouvements de l'idée mal servis par des bras trop peu nombreux et des cerveaux insuffisamment préparés, admirez comme ils ont néanmoins donné leurs résultats et ouvert les voies à l'histoire de demain.

Participant de la méthode idéaliste qui fut celle de notre Révolution, les peuples reçoivent d'abord de nous l'idée de liberté. Mais nos fautes et nos reniements les dispensent si bien de toute reconnaissance, qu'ils peuvent véritablement se donner l'illusion que cette idée est née d'eux-mêmes, et chez eux. Notre seconde Révolution fait surgir en eux, dans sa forme définitive, l'idée de nationalité. Et, à ce moment encore, nous nous arrangeons de manière à ne mériter aucun remerciement. Et, à travers toutes ces actions et réactions de la liberté contre le despotisme et de la nationalité contre le droit historique, se dégage et se forme un libéralisme européen, dont l'idéalisme devance les temps, et les prépare en les annonçant.

Les Français conservent la gloire de l'initiation, à défaut du profit que leur donnerait l'hégémonie. J'ai dit leurs fautes avec une sincérité que vous voudrez bien reconnaître, Monsieur. Vous me permettrez donc de ne pas inscrire à leur passif l'avortement du Parlement de Francfort, et tous les malheurs qui s'en sont suivis, non seulement pour notre pays, mais pour la cause du libéralisme et des nationalités.

Le libéralisme porte en soi son péril. Il aboutit à la démocratie, et par la démocratie au socialisme. Tenu à l'écart de la vie intellectuelle et politique par son inculture séculaire, le peuple ne représentait pas le libéralisme, au cours du siècle dernier, empli tout entier de la lutte entre le libéralisme et l'absolutisme, entre la nationalité et les traités. Il était le moyen, l'instrument, d'une bourgeoisie devenue majeure. Elle le déchaîna contre les privilèges de caste et de corporation. Elle lui reconnut des droits semblables aux siens propres en proclamant que tous les hommes naissent égaux et libres.

Mais, quand il vit que des privilèges de fait s'étaient substitués aux privilèges de droit, et qu'en réalité la richesse, le savoir et le pouvoir le subordonnaient à elle, le peuple commença de se tourner contre la bourgeoisie et il exigea d'elle les sanctions réelles des droits idéaux qu'elle avait proclamés. La bourgeoisie, ainsi placée entre le passé, avec ses retours offensifs, et l'avenir, avec ses convulsions pour ainsi dire organiques, oscilla nécessairement tout un siècle entre le libéralisme et le césarisme, la libre pensée et l'Église. Taine a cru décrire la faillite de la Révolution française ; il n'a exprimé que les terreurs de la bourgeoisie, dont il était, et au moment où il vécut.

Nous touchons au terme de cette crise, que j'examinerai plus en détail au moment où je ferai le procès des résultats du nationalisme. Pour ne pas vous tenir en suspens jusque-là, je tiens à vous affirmer tout de suite que la crise du nationalisme et du libéralisme, qui s'achève en ce moment sous nos yeux, recevra sa solution du socialisme international. Il s'imposera à son moment historique : au moment où le libéralisme et la nationalité s'affirmeront incontestés dans toutes les nations de l'Europe civilisée. Et vous savez que ce moment n'est pas éloigné.

IV

L'ÉVOLUTION DU PATRIOTISME EN NATIONALISME

Le nationalisme allemand, s'étant affirmé sous la direction des éléments conservateurs, viola en nous le principe de nationalité et tenta de faire revivre le droit historique. C'est parce que l'Alsace et la Lorraine avaient été des terres d'Empire, que l'Allemagne se les réincorporait, malgré leur protestation et la nôtre. La démocratie française, conduite par la partie éclairée de notre bourgeoisie, opposa à ce nationalisme rétrograde le nationalisme révolutionnaire, fondé sur le droit des nationalités, qui était dans sa tradition. Elle revendiqua l'Alsace-Lorraine et prépara la revanche, non pour laver une injure et reconquérir un territoire, mais pour défendre un droit qui résidait dans la volonté des peuples. Ce mouvement se dessina au lendemain même du Seize Mai, dès que les républicains eurent pris possession du pouvoir.

Comme le dit M. Goyau : « On s'accordait à cette date, sur presque tous les bancs de la gauche, pour ouvrir, à travers la France, des écoles de patriotisme : il y en avait pour les enfants, pour les adolescents, pour les adultes. Les libraires s'enfiévraient pour répandre des publications appropriées ; leurs catalogues offraient à l'âme nationale, comme aliment et comme excitant, des biographies et des récits militaires à profusion... L'instruction civique et militaire, prescrite par la loi de 1882, suscitait une longue série de manuels... Des concours étaient ouverts afin de stimuler les éditeurs et les auteurs... » Une couronne fut décernée à un « *Livre de l'élève soldat*, où l'auteur mettait en présence un pharmacien, qui soutenait les vieilles idées humanitaires, et un officier patriote, qui les renversait sans trêve et les balayait sans merci [1] ».

Mais de même que le libéralisme, à l'étranger, s'était vu enlever par la réaction la direction du mouvement des nationalités, on vit rapidement en France le plomb vil du nationalisme belliqueux s'allier à l'or pur du droit des nationalités. On avait voulu une France qui pût appuyer son droit, tout le

1. *L'Idée de patrie et l'humanitarisme*, pp. 294-294.

droit, de sa force; et l'on obtenait une nation qui, par sa culture, ne connaîtrait plus d'autre droit que celui de la force et d'autres limites que les limites de cette force.

Des libéraux complets et logiques aperçurent à ce moment le péril, et M. James Darmesteter « s'en fut un jour au Ministère de l'Instruction publique pour y présenter un livre de *lectures* patriotiques dans lequel il s'efforçait d'inspirer à la jeunesse l'amour de la paix, et l'horreur de la guerre; le ministre lui promit de mettre le volume aux mains de tous les enfants... lorsque la France aurait recouvré l'Alsace et la Lorraine[1] ».

La France n'a pas recouvré l'Alsace-Lorraine. L'alliance russe, acclamée des nationalistes, a pour principal objet notre renonciation à la revanche. Cependant, l'école primaire continue d'enseigner la légitimité et la nécessité de la guerre sainte. L'admirable *Marseillaise de la Paix*, de Lamartine, les cris d'humanité fraternelle de Victor Hugo, les malédictions de Leconte de Lisle sur la « stupide horreur » y sont encore proscrits. C'est toujours M. Déroulède qui est le poète national pour la génération montante, et, dérision

1. G. Goyau, déjà cité. *Introduction*, p. VIII.

suprême ! tandis que ses *Chants du soldat* martèlent encore de leur rythme barbare le cerveau de nos enfants, il renonce à la revanche en une retentissante interview.

« Toute une génération est née qui n'a pas vu la guerre, dit-il, à laquelle on ne saurait demander de venger un désastre dont elle est irresponsable. Nous ne pouvons exiger de nos fils ce que nous n'avons pas su faire, et, toutes réserves stipulées des circonstances exceptionnelles que pourrait offrir l'avenir, je ne fais aucune difficulté de vous dire que je ne crois pas qu'il puisse actuellement figurer au programme d'une politique étrangère sage, l'intention préméditée de faire naître l'occasion d'une revanche[1]. »

Ceux qui ont la charge de l'enseignement public ont enfin aperçu le péril ; ils mesurent à présent leurs responsabilités. Ils sentent que nos prétendues écoles de patriotisme sont des écoles de nationalisme. Mais je ne sache pas que l'initiative heureuse de M. Payot, inspecteur d'académie de la Marne, ait été suivie, ni même encouragée. Je veux que vous ayez sous les yeux, Monsieur, la circulaire qu'il adressa en avril ou mai 1901 aux

1. *Gaulois* du 24 février 1901.

instituteurs et aux institutrices de son département.

« J'invite, dit-il, les maîtres à faire disparaître des murs de l'école les gravures représentant des *scènes de violence*. Dans une école, sur les quinze tableaux, j'ai compté quatorze scènes de décapitation, de torture, de massacre, d'assassinat.

« Ces gravures sont, pour l'ordinaire, d'une inexactitude historique et psychologique ridicule.

« Mais fussent-elles exactes, qu'elles doivent disparaître. *Nous ne devons pas habituer l'enfant à des spectacles de violence*. Les instincts de brutalité ne sont point encore assez atténués pour que nous puissions impunément fixer la vue des écoliers sur des scènes de meurtre.

« Notre enseignement moral repose tout entier sur la loi intangible de l'absolu respect dû à la personnalité humaine. Comment ne pas être choqué de la contradiction qu'il y a entre la leçon que vient d'entendre l'enfant et celle qu'il reçoit de toutes parts par les gravures qu'on offre à ses yeux?

« Nous devons représenter aux enfants la guerre injuste comme un odieux héritage de la brutalité ancestrale, et leur enseigner qu'une nation qui prend les armes sans avoir épuisé tous les moyens de conciliation, sans avoir tenté des efforts désespérés pour régler ses différends par l'arbitrage, commet un abus infâme de la force : cette nation se déshonore ; elle se met hors de la raison, hors de l'humanité, elle agit bestialement.

« Dégageons dans les consciences, où elle est implicitement contenue, cette vérité, sauvegarde de la civilisation, *qu'une nation est une personne morale absolument inviolable, et que tout abus de la force commis contre une nation est un acte de brigandage.* »

Par leur glorification continue des œuvres de la guerre, les maîtres de notre enseignement populaire croyaient préparer des patriotes pour la revanche ; ils voient aujourd'hui qu'ils ont préparé des nationalistes pour toutes les entreprises de réaction politique, religieuse et sociale.

Le boulangisme avait été pourtant, pour les républicains, un premier avertissement. Cet avertissement avait retenti en haut lieu puisque, en 1890, parut une instruction ministérielle recommandant au corps enseignant de « ne point rétrécir au profit apparent de notre pays la place de l'humanité », car « la méthode qui prescrit de mettre partout notre pays au premier plan et le monde en prolongement expose l'écolier à des préjugés trop forts ». A cette circulaire, qui ne fut d'ailleurs suivie d'aucune réforme sérieuse dans les méthodes et programmes d'enseignement civique, un conservateur répliqua, nous dit M. Goyau, « que le point de vue exclusivement national est le point de départ de tous les grands sentiments civiques[1] ». Cette proposition était juste. Mais la suivante ne l'était plus, car elle constituait un anachronisme :

« L'orgueil national, disait M. Rocafort, aurait moins d'inconvénients que la disposition d'esprit décoré du nom de scientifique. »

Ici, en effet, le patriotisme se pousse jusqu'au plus grossier et stupide chauvinisme ; il n'est plus la nécessaire étape vers l'humanitarisme ; il est la négation violente et perpétuelle de l'humanitarisme, il est le sentiment primitif de la tribu qui n'avait de contact avec les tribus voisines que par la guerre, et qui échangeait avec elles non des marchandises et des idées, mais des flèches meurtrières. Et, pour compléter le caractère

1. Rocafort, *l'Éducation morale au lycée.*

rétrograde du patriotisme ainsi conçu, M. Rocafort ajoutait :

« Nous ferons de notre patrie l'idée maîtresse et dominante de notre pédagogie, quelque chose comme l'amour du prince pour les écoles de l'ancien régime. »

Nous tenons l'aveu. L'anthropomorphisme inhérent à tous les sentiments violents et mystiques fera le reste tout naturellement. Le culte abstrait se matérialisera forcément en un homme : le patriotisme ainsi conçu est une religion où manque le dieu, une monarchie où le trône est vacant. On le vit bien en 1889, où un officier de bonne fortune n'eut entre lui et le pouvoir suprême que le peu de résolution qui, heureusement, lui manqua.

Mais si des pédagogues comme M. Rocafort avaient pu donner un tel fondement mystique au sentiment patriotique et rêver d'un chauvinisme aussi réactionnaire au point de vue politique qu'au point de vue généralement humain, la faute n'en était-elle pas aux éducateurs libéraux et républicains ? N'avait-on pas entendu Paul Bert, dix ans auparavant, affirmer le mysticisme patriotique et le proposer comme remplaçant du mysticisme religieux ? Écoutez-le, et demandez-vous comment un homme de science a pu formuler de semblables propositions :

« Le développement du bien-être matériel, dit-il, les progrès mêmes de l'instruction, rendent les citoyens plus sensibles aux jouissances de tout ordre et tendent à les conduire à l'indifférentisme égoïste. D'autre part, le développement du sentiment de l'indépendance individuelle, conséquence du suffrage universel et de l'exercice incessant de la souveraineté, n'est pas de nature à fortifier le respect de la discipline ni même le culte de la loi. L'éducation militaire me paraît le plus puissant moyen, je ne dis pas de relever, mais de maintenir le niveau moral, par l'enseignement de l'obéissance raisonnée et des sacrifices légitimes[1]. »

Ainsi, c'est pour combattre ou plutôt équilibrer les tendances matérialistes que Paul Bert proposait cet idéalisme nouveau. Je comprends, croyez-le, le souci qui le hanta, au moment où il prit la direction et la responsabilité de l'enseignement national, de la culture des esprits. Il croyait mettre le cran d'arrêt en indiquant « l'obéissance raisonnée » et les « sacrifices légitimes ». Ce cran d'arrêt était

1. *Code Manuel des bataillons scolaires*, 1882.

dans l'affirmation du principe des nationalités, du droit des peuples à suivre leurs destinées sans oppression ni violence extérieures.

Le mouvement césarien né de cette culture militaire donnée par l'école prouva bientôt ce que valait le principe de « l'obéissance raisonnée ». C'est à l'obéissance irraisonnée, au besoin mystique d'obéir que cédèrent les jeunes républicains, formés par l'école primaire et insidieusement conduits au combat contre la République par les élèves de Taine, de la Congrégation et les vôtres, Monsieur.

De cette responsabilité des écoles primaires républicaines, je puis fournir une preuve flagrante ; les départements où Boulanger se fit plébisciter figurent parmi ceux où l'instruction publique était alors le plus en progrès : Seine, Somme, Nord, Aisne, Charente. Si l'on objecte que, sauf la Seine, ces départements sont parmi ceux qui fournissent les plus gros contingents conservateurs aux élections, je ferai observer que, sauf pour le Nord, ces contingents n'étaient pas proprement cléricaux, mais bonapartistes et vaguement libéraux, reproduisant assez exactement l'esprit qu'on a connu en France pendant toute la période de la Restauration. J'ajouterai que, d'ailleurs, loin d'être un élément de succès pour le boulangisme, l'adhésion des conservateurs lui donna le coup de la mort en faisant se retirer les républicains patriotes qui s'y étaient d'abord engagés.

C'est qu'à cette époque, malgré la défection morale des républicains et des éducateurs, le nationalisme se tenait encore dans la tradition libérale ; il puisait encore sa source dans le droit des nationalités, les conquêtes coloniales n'en ayant pas encore obscurci le sentiment ; nous protestions encore contre le droit du plus fort, et nous ne voulions être forts que pour assurer notre droit.

N'oubliez pas, Monsieur, qu'à sa fondation, en 1882, la Ligue des Patriotes ne comptait que des républicains authentiques, de Henri Martin à Anatole de la Forge, de M. Turquet à M. Mézières, de Félix Faure à M. Déroulède. Car M. Déroulède, alors, était gambettiste, et non plébiscitaire comme aujourd'hui ; et M. Turquet ne s'était pas encore affilié aux Frères Mineurs de l'Ordre des Franciscains. La Ligue des Patriotes faisait bien appel « à tous les membres du Parlement sans distinction de partis », mais l'hégémonie demeurait aux républicains.

Aujourd'hui, par le mouvement naturel des choses, par la transformation du patriotisme fondé sur le droit des nationalités en nationalisme fondé sur le droit de la force, l'hégémonie a passé aux conservateurs. Il y a encore à présent des républicains qui sont nationalistes, mais il n'y a plus un monarchiste — qu'il descende de ceux qui se faisaient débarquer à Quiberon par la flotte anglaise ou de ceux qui combattaient les « patriotes » aux côtés des Prussiens et des Autrichiens — qui ne soit nationaliste.

V

NATIONALISME ET CONSERVATISME

Le mouvement naturel des choses avait fait de la guerre de propagande de 1792 une guerre de conquête, d'une affirmation du droit des nationalités, une manifestation du droit de la force, d'un peuple de citoyens patriotes, une armée césarienne et chauvine. La paix armée, qui nous est imposée depuis la guerre franco-allemande, a de même faussé et transformé l'idée de droit en idée de force, le sentiment civique, en aspiration à la servitude. L'empire allemand, en nous prenant l'Alsace-Lorraine, n'a pas seulement violé en nous le principe de nationalité ; il a été la cause de l'évolution de notre patriotisme en nationalisme.

Si demain le hasard des combats nous donnait la victoire sur l'Allemagne, on ne compterait pas mille Français pour s'opposer à l'annexion du Palatinat et des provinces rhénanes; et celui qui proposerait de se contenter de la reprise de nos provinces perdues serait traité en ennemi de la patrie, comme Bebel et Liebknecht le furent en 1871 pour avoir protesté contre l'annexion de l'Alsace-Lorraine.

L'adhésion empressée de nos conservateurs à la formation boulangiste, qui fut un premier essai de nationalisme, fut l'expression d'un mouvement naturel, tout spontané. Il n'y eut pas seulement chez eux désir de profiter des troubles publics pour s'emparer du pouvoir. Et, il y a trois ans, quand ils suivaient de loin — pas trop loin — M. Déroulède, dans sa tentative de la caserne de Reuilly, comme le chasseur suit le chien d'arrêt, ils n'avaient pas seulement pour but de se glisser au pouvoir à la faveur d'une bagarre. Ils se conformaient à leur loi, ils obéissaient à leur instinct, ayant reconnu, dans les causes de ces perturbations politiques, les principes mêmes dont ils se réclament.

Il y a du primitif dans le conservateur. Ce qui les caractérise tous deux, c'est une commune horreur de toute idée nouvelle, de tout individu étranger. Le civilisé se reconnaît aux traits opposés : son esprit est sans cesse ouvert à toute recherche, il augmente sans cesse ses échanges avec l'univers. Le primitif ne communique qu'avec ses semblables immédiats; et, plus il est primitif, plus son cercle de communication et de solidarité est étroit. Le civilisé se découvre des semblables par quelque côté parmi tous les êtres vivants, reçoit d'eux ce qu'ils ont, leur donne ce qu'il a.

Le conservateur, au contraire, ne conçoit et n'admet que des êtres absolument semblables à lui-même : les dissidents, fussent-ils nés sous le même toit que lui, sont des étrangers à ses yeux. Et, comme il est porté à donner un fond mystique à tous les événements, dont les causes lui échappent à raison même de son impénétrabilité, de son incommunicabilité, il trouve des origines personnelles, arbitraires, malicieuses, à tous les incidents de l'histoire. Le bien lui vient de Dieu, ou du roi; le mal, du diable, ou des républicains.

Dans le boulangisme, les conservateurs étaient à la suite ; dans le nationalisme, ils tiennent la tête. C'est que le caractère démocratique du boulangisme s'est singulièrement atténué dans le nationalisme. Celui-ci est démagogique, mais nullement démocratique. C'est un fait qui pourrait se passer de démonstration : cette démonstration, cependant, je ne vous l'épargnerai pas, Monsieur, et vous y souscrirez avec plaisir, n'étant pas démocrate.

Si Paul Bert vivait encore, il déchirerait sa circulaire de 1882. Il reconnaîtrait que ses instructions aux éducateurs de la jeunesse n'ont été que trop bien suivies, et qu'elles ont trouvé dans ce peuple si lent à s'éveiller à la liberté réelle un terrain trop bien préparé. Ce n'est pas « le sentiment de l'indépendance individuelle, conséquence du suffrage universel », qui s'est développé, « mais le respect de la discipline » et « l'éducation militaire ». Ceci a tué cela dans un trop grand nombre d'esprits, où cela était seulement dans l'œuf. Et quand le nationalisme apparut sur la place publique, ce ne fut pas une démocratie qui s'affirma, mais une foule lasse de la liberté qu'elle ne connaissait pas, dont elle ne savait pas se servir, et qui demandait à en être délivrée.

Et comme vous traduisez bien cet obscur sentiment, que la plèbe nationaliste n'a pu encore exprimer, comme vous êtes bien le philosophe et l'historien de ces impulsions primitives lorsque vous écrivez :

« Quand l'heure de la revanche contre l'Allemagne aura sonné,... on n'adressera sans doute point à la nation de plébiscite ou de referendum. C'est à coups de plat de sabre, à coup de crosse de fusil dans les reins, s'il le faut, qu'on poussera au baptême de feu et de sang les apôtres de la Religion de l'Humanité, les FF.·. de la Fraternité des peuples, les prédicants huguenots, les socialistes et internationalistes de la solidarité humaine[1]. »

Afin de bien montrer que, dans votre esprit, dans l'esprit conservateur, la revanche n'a pas pour objet le rétablissement de notre droit national, la réparation du crime commis il y a trente ans au nom du droit du plus fort contre le droit des nationalités, vous ajoutez immédiatement :

« Il ne s'agit pas même de vaincre, mais de combattre[2] ».

Je comprends, Monsieur, que M. Déroulède en ait usé avec vous naguère comme M. Jules Lemaître vient de faire avec M. François Coppée. Vous proclamez trop hautement, trop brutalement, la pensée profonde des chefs du mouvement, pensée qu'eux-mêmes n'osent s'avouer et qui demeure peut-être chez quelques-uns d'entre eux inaperçue.

Il ne s'agit pas de vaincre, dites-vous. Cela signifie en bon français : La guerre, avec ses

1. *Campagne nationaliste*, p. 200.
2. Id., même page.

disciplines obligatoires, est le seul moyen d'anéantir les idées libérales. Dussions-nous donner aux Allemands la Bourgogne et la Champagne, nous n'aurons pas payé trop cher le rétablissement de toutes les autorités anciennes que regrettent les conservateurs, incapables de s'adapter au monde nouveau. C'est si bien cela que vous voulez dire, qu'à la page suivante je trouve ces lignes :

« ... L'épaisse stupidité de ce bon peuple de France, si heureux de vivre dans l'attente des Trois-Huit, n'a plus cure de rien ni de personne. C'est une proie engraissée à point dans la porcherie socialiste, où les francs-maçons sont pasteurs, les juifs sacrificateurs[1]. »

« Proie engraissée » fera sourire quiconque connaît la classe ouvrière et sait quels maux elle endure. Mais comme vous traduisez bien le sentiment intime de toute cette bourgeoisie fainéante, étroitement et tracassièrement autoritaire ! Comme vous exprimez bien son horreur de ces ouvriers qui veulent vivre de la vie complète et, par le syndicat et par la loi, se constituent en ce moment l'atmosphère et les organes nécessaires à la vie !

1. *Campagne nationaliste*, p. 201.

Tenez, je ruminais, l'autre jour, par rues et boulevards, selon ma coutume, quand j'ai dans la tête un plan de travail. Je cherchais précisément à ordonner les éléments de la formation nationaliste, qui n'est point aussi artificielle qu'on le croit et qui ne disparaîtra pas avec son échec aux dernières élections. Votre livre, que vous aviez bien voulu m'envoyer et que j'avais dévoré d'un trait, me hantait. L'animosité toute particulière que vous y montriez contre le socialisme se rapprochait dans mon esprit de la fureur toute spéciale que les nationalistes avaient manifestée, dans leurs journaux et sur son propre terrain électoral, contre le seul membre socialiste du ministère.

J'avais, comme de juste, mis en bonne place cette observation : que, dans les quartiers ouvriers et la banlieue ouvrière, le nationalisme avait reculé devant le socialisme, et que, dans les quartiers du centre, non ouvriers, ainsi que dans la banlieue de plaisance, le républicanisme avait fait place au nationalisme, parfois le plus notoirement clérical.

Ainsi se confirmait cette affirmation, que j'avais faite vingt fois dans divers journaux, que la moyenne et petite bourgeoisie parisienne, naguère encore si républicaine, n'hésitait pas à tourner le dos à la République, puisque ce régime semblait devoir aboutir à l'avènement du socialisme.

J'en étais là de mes réflexions quand la faim me prit. J'entrai dans un café, et, tout en sirotant un verre de lait quelque peu écrémé, je me livrai un instant au bien-être animal de vivre sans pensées. Court répit qu'abrégea la conversation de deux consommateurs assis à la table voisine de la mienne. L'un des deux interlocuteurs était visiblement le patron du café, et l'autre un industriel ou commerçant du tout proche voisinage. Tous deux semblaient de bourgeoisie très moyenne, et la lecture de leur journal ne paraissait pas même avoir fait d'eux des « quarts de bachelier ». Ils n'en étaient que plus spontanés, donc plus sincères, dans l'expression de leur pensée. Leur candidat ayant été battu, ils demeuraient sceptiques au cri de victoire que poussait leur journal, et ils envisageaient l'avenir en de courtes phrases désolées, que je voudrais m'efforcer de vous rendre avec une fidélité pour ainsi dire phonographique.

— On ne sait plus où l'on va, disait le cafetier.

— Ou plutôt on a peur de trop le savoir, répondait l'autre, après avoir puisé force et consolation dans son « demi ».

— Y aura bientôt de gros embêtements.

— J'en ai plus peur qu'envie. On n'a rien fait que pour les ouvriers. Plus moyen de les tenir. Ils montrent des exigences folles. Les lois ne semblent faites que pour eux. Voyez-vous, faudrait revenir sur tout ça.

— Pas facile. Ils deviennent les plus nombreux à mesure que les campagnes se dégorgent dans les villes. On ne pourra pas s'en tirer à moins d'une révolution sociale.

— Oui, c'est une révolution sociale qu'il faudra.

L'expression me frappa. Ainsi, pour eux, mater la classe ouvrière, effectuer la « saignée » que demandait, il y a peu d'années, M. Arthur Meyer, cela s'appelait : faire une révolution sociale. J'allais me mettre à rêvasser sur cette mystérieuse transposition des mots, qui a peut-être son origine dans l'emploi du langage démagogique par les tenants de la réaction sociale ; mais les deux interlocuteurs sollicitaient trop vivement mon attention par leurs propos.

— C'est dans l'école même qu'ils gagnent le mal qui les travaille, reprenait le patron.

Les caisses des écoles, avec l'argent de la Ville, notre argent, donnent aux enfants des ouvriers le déjeuner, des vêtements, les envoient à la campagne, à la mer, pendant les vacances. Ces gamins-là, quand ils sortent de l'école pour entrer dans l'atelier, sont alors d'une exigence...

— Oui, mais y a pas à revenir là-dessus, disait le cafetier. Ce qu'ils ont, ils le tiennent, et ils le gardent. Voyez, le nouveau Conseil, qui est nationaliste pourtant, n'a rien pu changer à ça. Je vous dis qu'il n'y a qu'une révolution sociale pour nous débrouiller de là.

— En attendant, c'est la misère pour nous.

Involontairement, je regardai ce misérable qu'affamaient les exigences des ouvriers. Grassouillet et rose, il m'inspira une profonde pitié. J'observai pourtant qu'il n'avait pas encore mis au mont-de-piété l'énorme et laide chaîne d'or qui barrait son ventre, ni la bague qui luisait prétentieusement à sa main.

— Oui, c'est la misère, fit en écho complaisant le cafetier en frappant ses deux mains pour qu'on vînt renouveler les consommations. Et vous savez, à l'étranger, *ils* sont aussi mal hypothéqués que nous. Le socialisme *les* ronge aussi, et *ils* ne savent pas plus que nous comment sortir d'affaire.

— Le mal de l'un ne guérit pas l'autre.

— Peut-être bien que si. Comprenez donc, on pourrait bien finir par s'entendre dans tous les pays pour donner un bon coup de barre dans le sens qu'il faudrait.

— Oui, y aurait que ça. Après tout, *ils* sont comme nous.

— Eh! oui. Je vous dis, moi, qu'*on* finira par en venir là, qu'*on* fera tous ensemble une bonne révolution sociale. Sinon, tout est fichu, et partout.

Je laissai ces patriotes à leur rêve d'entente internationale contre ceux que vos amis les nationalistes appellent les sans-patrie, et je m'en fus, par le boulevard, rêver de mon côté à la puissance inéluctable des forces réelles, et comme la draperie des formules les dissimule mal, quand les rhéteurs ne sont pas là pour la soutenir.

Vous me connaissez assez, Monsieur, pour savoir que je suis incapable d'avoir inventé ce colloque, que le hasard m'a fait surprendre. Je suis tout disposé, pour peu que vous le désiriez, à vous faire connaître le cafetier dont les paroles naïves exprimaient votre pensée d'une manière si adéquate. Il cherche comme vous la solution du problème; mais, gâté par l'éducation démocratique, dont il n'a pu encore se défaire, il cherche cette solution dans l'entente internationale des possédants, tandis que vous pensez l'avoir trouvée dans la guerre. Il est pour la sainte-alliance, vous pour le napoléonisme : ce sont des nuances, et vous finiriez certainement par vous entendre. Napoléon a bien épousé Marie-Louise.

Oui, vous finirez par vous entendre. Il vous suffira pour cela de prendre exemple hors de France. Vous êtes bien allé chercher l'antisémitisme en Allemagne. Tournez de nouveau les yeux de ce côté, mais arrêtez-vous à mi-chemin, en un pays qui fut français hier, dans cette ville que nous fûmes si longtemps fiers d'appeler la Pucelle.

Aux élections municipales de juillet dernier, les immigrés allemands ont offert l'alliance aux vieux Messins, jusque-là protestataires farouches, patriotes français irréconciliables. Placés entre leur crainte du socialisme et leur répugnance du germanisme, nos frères séparés n'ont pas hésité : et la liste socialiste a été battue par une édifiante coalition de « patriotes » allemands et français.

Se conformant à la pensée ultime du nationalisme, un député qui fut républicain, communard même, M. Edmond Lepelletier, apprécie en ces termes, exempts tout au moins de malveillance, la « révolution sociale » accomplie à Metz par les « patriotes » des deux nations :

« Si les immigrés allemands avaient voulu, forts de leur nombre, ils eussent écrasé les indigènes et se fussent emparés des services municipaux; mais ils se sont montrés conciliants, raisonnables, sans doute obéissant à des instructions venues d'en haut... Si les Allemands immigrés s'étaient emparés, même légalement, par la force du suffrage, par la volonté populaire, de l'administration municipale de Metz, les anciens Messins auraient pu se trouver froissés, irrités, se grouper, reformer un noyau protestataire[1]. »

1. *Echo de Paris* du 4 septembre 1902.

VI

LES FAUTES DE LA DÉMOCRATIE

Il faut avouer que les fautes de la démocratie et de ses représentants ont favorisé les espérances des conservateurs en ces dernières années. La stérilité parlementaire et les scandales politiques ont été exploités avec une suprême habileté par ceux qui regrettent un régime dont le grand mérite, à leurs yeux, était d'être encore plus stérile en matière d'innovations et de savoir éviter toute publicité scandaleuse aux méfaits des puissants. Il s'est fait là, sur l'incapacité des foules à suivre un raisonnement jusqu'au bout, une spéculation politique que les historiens étudieront avec fruit. Il s'est aussi manifesté dans les foules un sentiment d'amoralité politique sur lequel les conservateurs n'ont pas spéculé, ne l'ayant pas aperçu et encore moins prévu, mais qui peut devenir un de leurs meilleurs instruments de règne, si l'optimisme des démocrates laisse le champ à leur activité.

Je dis que la stérilité parlementaire a été exploitée par ceux dont les intérêts et les sentiments se fussent accommodés d'une encore plus grande stérilité, puisque ceux-là ont pour idéal de ne pas innover, de ne rien réformer. Ils avaient beau jeu, car au lieu d'essuyer le reproche de contradiction quand ils formulaient des critiques sur ce sujet, ils trouvaient pour leur donner raison : leurs partisans, parce qu'ils étaient leurs partisans; leurs extrêmes adversaires, parce qu'ils étaient pour ces réformes et innovations, sans cesse promises dans les programmes, jamais exécutées; les indifférents, enfin, parce que l'accusation de trahison portée contre ceux qui faillaient à leur programme les frappait beaucoup plus que l'illogisme des accusateurs, le public devant qui l'on accuse n'ayant jamais l'idée de se demander si l'accusateur est qualifié ou non. Il n'en fallait pas tant pour former une opposition nombreuse, sinon forte et cohérente.

Je dis que les scandales politiques, résumés et symbolisés par le Panama, ont aidé les conservateurs dans leur retour offensif. Ici, les gouvernants républicains ont été victimes des deux principes qui les inspirent depuis qu'ils ont pris le pouvoir, avec tout ce qui le constitue à l'état d'héritage historique. Le principe du secret d'État, de la solidarité de groupe, legs du passé, s'est imposé à eux; mais ils étaient mal préparés à le recevoir, ayant dans leur bagage un autre principe, celui de la justice égale pour tous. Tiraillés entre ces deux principes, ils ont nié la corruption parlementaire. La négation, en régime démocratique, c'est-à-dire de publicité à outrance, était stupide : elle fut accueillie par l'incrédulité générale, et le soupçon s'étendit non sur tous les parlementaires, mais seulement sur les parlementaires républicains. Ils firent alors la part du feu, et désignèrent au jury quelques suspects, que dédaigneusement il acquitta.

Le jury avait raison. Non seulement les gouvernants républicains ajoutaient une faute à leur faute initiale, mais, en procédant ainsi à une sorte de décimation des accusés, ils manquaient à un des principes du monde moderne, qui veut que le coupable prenne sa faute et non celle des autres. En ceci encore ils étaient inconsciemment réactionnaires et sacrifiaient la justice égale pour tous à la raison d'État.

La véritable habileté, conforme aux intérêts de l'État et à la justice, eût été, pour les républicains au pouvoir, de saisir tous les coupables. Le public eût alors aperçu qu'il y en avait de tous les partis, et qu'aux deux millions qui avaient corrompu des parlementaires de gauche et de droite il fallait, en toute équité, ajouter les cinq cents millions qui avaient corrompu le clergé, la noblesse, la finance et la presse. Il eût alors comparé à cette justice le silence et l'impunité dont les régimes précédents couvrirent leur Panama organique et permanent : des voleries d'Ouvrard aux concussions de Morny. J'en veux aux gouvernants d'alors d'avoir manqué à la belle leçon d'histoire qu'ils devaient à leurs concitoyens.

Leur misérable procédure réveilla dans la foule, à peine née à la vie civique, des instincts amoraux héréditaires, ou plutôt détruisit la construction morale qui s'y échafaudait lentement depuis la Déclaration des Droits de l'Homme. Il subsiste une moralité privée ; mais la moralité publique est fortement atteinte depuis ce néfaste moment de notre histoire politique.

Je vis, Monsieur, assez près du peuple, du vrai peuple, et je ne le vois pas à travers les auditeurs des réunions publiques, mais d'un regard direct, d'autant plus attentif qu'il est chargé de sympathie vraie. La preuve de cette sympathie, je m'efforce de la lui donner en ne cédant jamais à ses impulsions quand je les crois mauvaises pour lui : c'est pour avoir augmenté les droits sur l'alcool que j'ai été renvoyé de la Chambre par mes électeurs, et j'ai aggravé ma juste désobéissance au *démos* souverain en lui faisant des conférences sur l'alcoolisme. Vous voyez, Monsieur, que je suis payé pour connaître le peuple.

Eh bien, voulez-vous savoir quelle impression lui fit l'affaire du Panama? J'ai honte et douleur à le dire, mais c'est la vérité, et il faut que toute vérité soit connue. Il faut que toute plaie soit débridée, mais seule une main amie doit rendre cet office, car il s'agit de guérir et non d'envenimer. Nulle blessure n'est mortelle au peuple, sinon quand on laisse la gangrène s'y mettre.

Voici donc ce que, au moment du Panama, j'ai entendu vingt fois dans les gargotes ouvrières où je prenais de hâtifs repas, au hasard de mes vagabondages dans Paris :

— En ont-ils de la veine, ces députés. En plus de leurs neuf mille francs, ils ont les pots-de-vin.

— Bah! ils ont bien fait. Les bonnes aubaines, ça ne se refuse pas. Tout le monde, à leur place, en ferait autant.

Nulle part, vous entendez, Monsieur, nulle part, sauf dans les meetings d'indignation — où les auditeurs sont vertueux à la manière des coquins qui, au théâtre, montrent le poing au traître — je n'ai entendu une parole exprimant un sentiment de probité publique.

Si quelqu'un proteste contre cette vérité, que j'eusse voulu n'avoir pas à confesser, je demanderai à cet honnête homme, qui certainement n'a jamais fait tort d'un centime à son prochain individuel, s'il n'a jamais manqué à la probité envers le public, s'il n'a jamais enflammé d'allumettes de fraude, fumé de tabac de contrebande, bu d'alcool échappé aux droits, fait au percepteur une déclaration inexacte, tous actes qui allègent nos charges au détriment non de notre prochain individuel, mais de notre prochain collectif. Mais, pour ces vertueux inciviques, tout le monde, ce n'est personne. Et sur cent Français, quatre-vingt-dix-neuf s'en tiennent encore au civisme verbal.

Ce civisme verbal, je n'en médis pas. Il n'est pas toujours une hypocrisie. Dans ce domaine surtout, l'idée peut précéder le fait, et le mot acclimater la chose. Et, justement, je reproche à ceux qui eussent dû être les justiciers du Panama d'avoir détruit la vertu puissantielle du civisme verbal, d'avoir fauché la fleur d'où devait naître un beau fruit.

En ce moment même, une aventure montre à la fois le peu de protection que le public peut attendre des procédures vieillotes et mystiques de nos tribunaux et de nos études d'avoués et de notaires, la facilité dont témoignent les puissances publiques en la personne de leurs représentants à s'incliner devant le mystère d'un coffre-fort mystificateur, l'impunité assurée à quiconque peut coudre à son vêtement de voyage des ailes bleues paraphées par la Banque de France.

Croyez-vous que chacun des particuliers dont se compose le public ait une bien grande et bien vertueuse indignation contre la voleuse? Non. On l'admire. On admire Mme Humbert, vous dis-je. Si d'aventure un policier lui met la main dessus, on applaudira, certes, mais non parce qu'il aura vengé la morale publique. On applaudira le policier parce qu'il aura été plus malin que la voleuse. Mais, jusqu'à ce que cet événement improbable se produise, c'est elle qu'on applaudit; car c'est elle la maligne. Et elle ne perdra son auréole que si elle se laisse prendre.

Vous savez sûrement mieux que moi, Monsieur, que les *Folklore*, qui sont l'âme chantante et babillarde du passé, ont pour plus fréquents héros des voleurs naïfs et subtils, féroces et comiques. L'enfant, qui reproduit en nous le primitif, n'aime rien tant que de voir l'ignoble Polichinelle, ivrogne et fripon, mais cocasse, rosser ce brave niais de commissaire. Le primitif que je fus, il y a trente-cinq ans, refusait d'aller se coucher avant qu'on lui eût conté quelques-uns des tours du légendaire chenapan lorrain : *le fin voleur*. Nous avons tous de qui tenir et, puisque vous aimez les traditions, je livre celle-ci à vos rêveries. Le Panama et l'affaire Humbert, voilà de bons réveilleurs d'atavisme moral. Si, dans cette dernière affaire, la justice fait encore faillite, nous serons mûrs pour le despotisme que vous appelez de vos vœux. Le peuple subira le César. Mais j'avertis ce monsieur qu'il ne se sauvera du mépris public — car la nation tempère de mépris son admiration des coquins — qu'en faisant couler beaucoup de sang.

VII

LA PART DES SOCIALISTES

Les socialistes ont leur part de fautes, et de responsabilités, dans ce qui arrive. Leur étroitesse doctrinale, leur métaphysique matérialiste, leurs habiletés politiques qui étaient contradictoires à la raideur de leurs dogmes, leur désir non caché d'employer la violence à conquérir le pouvoir — tout cela insuffisamment corrigé et ennobli par un idéalisme qui planait trop au-dessus de la mentalité moyenne — voilà ce qu'on peut leur reprocher. Étant hommes, nous étions forcément illogiques.

Cela n'eût pas fait grand mal, le problème du monde social n'étant pas un exercice de rhétorique qui s'exprime en syllogismes. Mais nous n'étions pas dans le sens vrai de l'aspiration populaire ; ou, quand nous y étions, c'était pour aigrir et faire fermenter ce qui, dans cette aspiration, est malsain au peuple.

Quand nous parlions de substituer la propriété de l'État à celle des grandes compagnies, les ouvriers des mines, des chemins de fer et des grandes entreprises industrielles nous comprenaient. Mais, quand nous offrions la même formule aux boutiquiers, aux artisans et aux paysans, ceux-là ne nous comprenaient pas. Alors, pour les avoir quand même avec nous, il nous fallait leur offrir des garanties de propriété individuelle contradictoires au but communiste que nous affirmions.

Pour masquer la contradiction, nous les excitions contre les riches et les gouvernants, sans nous apercevoir que nous amenions ainsi de l'eau au moulin antisémite et césarien.

Il y a cinq ans à peine, Rochefort était encore un de nos grands hommes ; même, fermant les yeux sur l'ultramontanisme de Drumont, nous n'avons que trop coqueté avec lui.

Nous avons ainsi doublement, triplement manqué à l'éducation populaire, et à la nôtre propre, ce qui n'est pas une excuse. Nous avons repeuplé le cosmos social de dieux et de démons. Nous avons fait de l'anthropomorphisme à outrance : nous avons donné un nom d'homme à chaque idée, à chaque passion, à chaque appétit, à chaque haine, à chaque rancune. Nous avons eu le Dieu-Marx et le Diable-Rothschild. Nous avons fanatisé les uns, exaspéré les autres. Et ceux que nous avions fanatisés, un beau jour nous ont quittés, trouvant MM. Drumont et Rochefort plus fanatiques et surtout plus pratiques que nous : car nous reléguions dans le lointain la révolution annoncée, tandis que ces messieurs la faisaient chaque jour en tuant une réputation ou en ameutant des fureurs sur un but précis et immédiat.

Voilà notre faute, à nous socialistes. J'aurais le courage d'en parler plus longuement si je n'avais été de ceux qui, depuis vingt ans, ont usé leurs forces et leurs veilles à l'atténuer, puis à ne plus y retomber. Le socialisme, aujourd'hui, se dégage, heureusement, de cette démagogie, mais il portera longtemps encore la peine de s'y être traîné quelques années.

VII

LA BOURGEOISIE CLÉRICALE ET MILITARISTE

Mais se fût-il présenté sous son aspect le plus noble et le plus laborieux, le socialisme n'en aurait pas moins eu contre lui la bourgeoisie. Je n'ai pas besoin, j'imagine, de vous dire pourquoi. Pour détourner les foules des paradis que leur promettait le socialisme, elle remit en faveur le paradis traditionnel, promis aux humbles et aux souffrants. Pour mieux ramener le peuple dans les voies du salut, elle entreprit le sien propre, lâcha Voltaire et Renan, et se fit dévote. Dieu fut reconnu pour un excellent substitut du garde-champêtre et du gendarme. L'utilitarisme athée des possédants redécouvrit cet agent mystique, le proposa aux plus simples, l'imposa aux plus pauvres, par dons, promesses et menaces. Le Sacré-Cœur de Montmartre ouvrit sa crypte aux affamés, et la petite bourse des consciences se tint : un pain pour une messe, un gigot pour une première communion. Notre-Dame de l'Usine installa ses autels et ses sacristains dans les filatures et les tissages du Nord et de l'Est.

A la « catholicité » socialiste qui criait par la voix de Marx : « Prolétaires de tous les pays, unissez-vous ! » le catholicisme patronal opposa le chauvinisme scolaire ; la religion fut un moyen de réaction ethnique, sociale et politique, et la démocratie lui donna les armes que l'école primaire forgeait depuis vingt ans. Cette fois, les émigrés ne rentraient plus en vainqueurs dans les fourgons des Prussiens, mais en contrebandiers dans la cantine de Hoche et de Kléber.

La bourgeoisie ne veut pas mourir. Cela est très naturel. Elle veut de plus être l'unique classe dominante. Sa richesse lui en donne le droit, au sens que vous attachez à ce mot. La classe dominante d'hier, la noblesse, se rattache aux forces héréditaires : l'Église et l'Armée. Par imitation, snobisme, autant que par nécessité de résister à la force croissante du socialisme, la bourgeoisie s'est rapprochée de l'Église et de l'Armée. Elle a mis ses filles au Sacré-Cœur et ses fils à Saint-Cyr, pour affirmer aux autres et à elle-même qu'elle est, elle, la noblesse des temps modernes, et que ses écus valent bien un écu, eût-il été étoilé aux Croisades par la masse d'armes d'un Sarrazin.

Elle a, ainsi, concilié sa vanité et son intérêt, ce qui porte bien sa marque. Et elle s'est sentie tout à fait l'aristocratie qu'elle rêvait d'être, lorsque M. Arthur Meyer, avouant le sens profond du boulangisme, déclara, au lendemain de ce mouvement avorté, qu'il faudrait en venir à la « saignée » pour arrêter l'expansion socialiste. Et elle s'est vue incorporée à l'aristocratie quand un noble, à trente-six quartiers, le général marquis de Galliffet, soldat loquace quand il n'est pas sous les armes, a déclaré que l'armée n'avait pas pour principal objet de défendre la frontière, mais les riches contre la convoitise des pauvres.

Paroles d'enfant terrible! dira-t-on. Vous savez bien que non, vous, Monsieur, puisque, pour vous, qui appelez la guerre comme moyen de diversion contre le socialisme, « il ne s'agit pas de vaincre ». Il n'y a pas que vous, M. Arthur Meyer et M. de Galliffet, pour parler ainsi. Écoutez ce que dit un officier allemand dans une brochure récente :

« Ce sont les opinions et encore les opinions que nous devons former; car à quoi sert-il d'apprendre à un homme la plus belle marche de parade si, réserviste ou territorial, il devient socialiste?... Pendant la guerre, Dieu merci, le patriotisme existera toujours chez nous ; mais il nous faut fortifier le patriotisme qui doit s'opposer à l'action dissolvante des ennemis de l'intérieur[1]. »

En France, un général de l'école de M. de Galliffet ne s'est pas borné à exprimer cette pensée devant ses pairs, comme avait fait son « camarade » allemand. C'est à ses hommes mêmes, c'est aux réservistes d'Auch, qu'il renvoyait dans leurs foyers à la fin des manœuvres de septembre 1898, que le général Guy de Taradel adressait l'allocution significative que voici :

« Soldats, vous allez maintenant rentrer dans vos foyers ; vous allez entendre dans la vie civile des politiciens, des énergumènes qui vous diront qu'il faut tout renverser : la religion, la propriété...

« Sachez que la religion est nécessaire et qu'il faut la défendre. Robespierre a voulu supprimer Dieu (*sic !*) : il a été obligé de créer le culte de l'Être suprême... Défendez la religion, la propriété, c'est votre devoir. Le

1. Cité par M. Louis Forest, *l'Antimilitarisme en Allemagne* (*Revue et Revue des Revues* du 15 janvier 1901).

prêtre est, comme le soldat, utile à la patrie ; luttez pour la religion et combattez le socialisme et la révolution. »

Féodaux et bourgeois, en Allemagne comme en France, ont donc mêmes craintes, mêmes espérances, même conception du rôle de l'armée, et, chez nous, du moins, l'incorporation serait complète si chaque bourgeois pouvait donner sa fille à un des fils de la noblesse ; mais ces messieurs vont de préférence aux juives et aux américaines.

Dans le même temps que la bourgeoisie française renonçait à ce qui restait de libéralisme dans son esprit et dans ses mœurs, les théories féodales l'emportaient sur les théories industrielles en matière économique. Au régime des traités de commerce succédait le régime de la protection à outrance. Les frontières se fermaient aux produits, par conséquent aux idées. Les nations s'isolaient, se contractaient, n'échangeant plus guère que des regards chargés de jalousie et de suspicion. Le nationalisme, dans sa forme rétrograde, fait le tour du monde. Seul l'internationalisme socialiste peut tirer la civilisation du plus grand péril qu'elle ait jamais couru.

IX

LE PROCÈS DE LA RÉVOLUTION FRANÇAISE

Mais les préoccupations majeures du siècle dominent malgré eux les gens qui prétendent remonter le cours des temps. Ils veulent nous conduire au césarisme, et c'est au nom de la liberté qu'ils nous convient à ce renoncement de la liberté. Ils opposent la tradition à la science et à la critique, et c'est au nom de la science qu'ils essaient d'interdire à la science expérimentale le vaste domaine moral et social. Ils prétendent restaurer l'unité de foi, rendre à la théologie son ancienne prééminence, et c'est la philosophie qu'ils appellent à faire le procès de la philosophie. Ils s'emparent des instruments de la pensée, et de ces pacifiques outils de civilisation ils font des armes de guerre contre les progrès organiques de la civilisation.

Ils ont eu un philosophe, Taine, qui les représenta exactement en leur double hantise de la vérité scientifique, qui s'impose à eux de toute son évidence, et de la démocratie, qui profite nécessairement de toutes les acquisitions de la science. Ce philosophe, que la peur qu'il eut de la Commune jeta dans la réaction, vous le continuez, Monsieur. Pour prouver que l'idéalisme révolutionnaire était la cause de tous les maux subis au cours du siècle qui vient de finir, Taine, qui était un philosophe, emprunta aux savants leur méthode; mais il était en proie à un préjugé et à des terreurs; mauvaise condition pour faire de la science. Dans l'amas des documents dont il composa son œuvre, son funeste parti-pris ne lui montra que ceux qui le servaient et le justifiaient; et nous eûmes seulement l'envers de l'histoire de Michelet.

Pareille mésaventure vous arrive, Monsieur. Vous êtes un savant, mais vous avez des préjugés moraux et sociaux qui n'ont que des rapports lointains avec la partie de la connaissance où vous vous êtes justement illustré. Pour exprimer ces préjugés et les justifier, vous n'avez pas eu recours à votre science particulière: vous sentiez trop bien que, si avant que vos travaux eussent pénétré dans le domaine de la psychologie, ils ne pouvaient donner nulle réponse immédiate et directe aux questions que se pose notre temps.

Vous vous êtes donc fait de savant, philosophe, et vous avez appelé d'autres sciences que la vôtre propre à constituer votre philosophie. Vous avez même appelé autre chose que la science; et, matérialiste, vous êtes ainsi tombé dans le mysticisme, ainsi que j'aurai l'honneur de vous le démontrer.

Bien pis; vous, philosophe, savant, professeur; vous, archiviste-paléographe et docteur de la Faculté des lettres de Paris, de l'Université de Paris ; vous, directeur d'études à l'école pratique des Hautes-Études ; vous, l'auteur du *Système nerveux central* et des *Fonctions du cerveau ;* vous, qui êtes lauréat de l'Académie des sciences et de l'Académie de médecine, et devriez être de ces deux Académies, et de la française par surcroît ; — vous êtes tombé dans la polémique injurieuse, et j'éprouve une profonde tristesse à citer de vous des pages comme celle-ci :

« Il y a dans l'histoire de la France, des temps d'une laideur morale plus hideuse encore que ceux-ci, il y a une époque plus infâme que la nôtre, que celle des massacres d'Arménie et de Chine par les Musulmans et par les Chrétiens : c'est la fin du XVIIIe siècle, où les Français redevinrent proprement des

Pithéciens, des singes cyniques et malfaisants; c'est l'ère nouvelle de cette France moderne qui devait finir à Sedan ; c'est l'âge des meurtres et des assassinats juridiques, de la captivité et de la mort sur l'échafaud du roi Louis XVI, de la reine Marie-Antoinette et de Mme Élisabeth de France, du pillage des églises et des monastères, de la spoliation du clergé, du vol à main armée des personnes et des propriétés, crimes décrétés par les lois, sanctionnés par les Assemblées nationales d'un peuple de sauvages ivres, ivres de vin et de luxure : c'est la Révolution française.

« De ces mornes abîmes de ténèbres et de corruption, où devait disparaître, avec sa tradition et ses gloires, ce que le monde avait appelé la civilisation française, sortit la Déclaration des Droits de l'Homme et du Citoyen[1]. »

Ainsi, Monsieur, voilà tout ce que vous avez vu dans la Révolution française! Et non seulement vous n'y voulez voir que ses excès et ses cruautés, héritage de quatorze siècles d'excès officiels et de cruautés légales, mais ces excès et ces cruautés vous les attribuez aux principes mêmes de la Révolution.

1. *Campagne nationaliste*, p. 156.

Oh! je sais que vous êtes en bonne compagnie pour juger ainsi le statut du monde moderne. Joseph de Maistre, Bonald et Auguste Comte avaient montré la voie, où s'engagea Taine, et où vous vous enfoncez à votre tour. Des deux premiers je ne dis rien, sinon qu'ils sont justifiés par leur conception mystique de l'univers et par leur catholicisme, qui les empêchent de croire que l'homme soit autre chose qu'un être foncièrement méchant, contenu par la force d'en bas et sauvé par la grâce d'en haut.

Pour Auguste Comte, c'est une autre affaire, un peu moins simple. Il sait que l'homme est plutôt méchant que bon à l'origine, et que la civilisation l'adoucit, l'améliore, le moralise. Mais la Révolution a heurté cet esprit systématique : il accepte qu'elle ait eu lieu, comme son positivisme accepte et justifie tous les phénomènes historiques ; mais il lui déplaît qu'elle se développe dans le sens même où elle s'est affirmée. Elle ne repose que sur le progrès et la liberté, et se prive de l'élément statique indispensable d'ordre et d'autorité. Faite par des métaphysiciens, elle se continue par des destructions et des émiettements qui, aux yeux du philosophe, dissocient tous les éléments moraux et sociaux nécessaires à une vie collective normale.

L'esprit systématique du mathématicien qu'était Auguste Comte s'accommode mal de ce désordre permanent, de cette critique sans cesse en action. Il juge, avec raison, que le monde nouveau a rompu d'une manière trop absolue la chaîne des temps et qu'on ne doit aller vers l'avenir qu'en se reliant étroitement au passé. Au temps où il écrit, le moyen âge est en pleine faveur. La critique historique n'a pas encore montré qu'il ne fut qu'un vaste chaos, ordonné seulement dans la pensée de ses admirateurs ; entre le moyen âge ainsi présenté par l'école catholique et par le romantisme littéraire, alors dominant, et l'organisation positive de la société, c'est-à-dire depuis la Renaissance jusqu'à nos jours, Auguste Comte ne voit que désordre, instabilité et dissolution. Avec un tel sens de l'histoire, il est impossible qu'on rectifie l'œuvre de la Révolution française. On ne peut que fournir des arguments à ceux qui tentent de la détruire.

M. de Vogüé veut-il, dans un de ses romans[1], faire le procès du régime de discussion et

1. *Les morts qui parlent.*

donner ainsi un pendant à son apologie du coup d'État du 2 décembre, qu'il qualifie d' « opération de police un peu rude[1] », c'est la pensée d'Auguste Comte qui le domine et lui fournit le titre même de son œuvre : « Les vivants sont toujours et de plus en plus gouvernés par les morts[2]. »

Aussi une revue catholique approuve-t-elle le fondateur du positivisme d'avoir essayé d'établir entre les esprits une « convergence effective », une « communion réelle et stable », et de faire rentrer « dans ses limites normales » le droit d'examen[3]. Pour M. Fidao, « il est clair... que catholiques et positivistes sont plus près de s'entendre qu'on ne le suppose ordinairement[4] ».

C'est également l'opinion de M. Brunetière, qui, dans un article écrit à l'occasion du centenaire d'Auguste Comte, loue ce philosophe d'avoir reconnu « la catégorie de l'inconnaissable », ce refuge sûr des théologiens théocrates et autres tardigrades. Et il s'écrie avec une joie non dissimulée :

« Si quelques catholiques, et notamment

1. Discours de réception à l'Académie française.
2. *Système de politique positive*, II, p. 61.
3. Fidao, *le Positivisme et le Catholicisme* (*Quinzaine* du 16 novembre 1901).
4. *Id.*

quelques démocrates chrétiens, veulent bien chercher dans le *Système de politique positive* une démonstration de la religion comme sociologie, ils l'y trouveront... Ils pourront hardiment s'en servir... Cette sociologie, s'ils la sauvent du naufrage de la religion du « Grand Être », ce n'est pas seulement la mémoire d'Auguste Comte qui en aura profité[1]. »

Catholiques et positivistes, en effet, se sont si bien accordés pour faire rentrer le droit d'examen, la funeste critique révolutionnaire, le déplorable individualisme révolutionnaire, dans ce qu'ils appellent ensemble leurs « limites normales », qu'on a pu voir M. Pierre Laffitte condamner un instant Dreyfus par les mêmes motifs de raison d'État que n'importe quel philosophe de l'école de Maistre et Bonald. Cette attitude de l'héritier direct de la pensée d'Auguste Comte, du directeur de la religion matérialiste et athée, n'a pu surprendre que ceux qui ignoraient jusqu'à l'existence de la philosophie positiviste, que je me permets de ne pas confondre avec la philosophie positive.

Je m'étonne, Monsieur, qu'un esprit aussi informé et aussi averti que le vôtre n'ait pas,

1. *Revue des Deux Mondes*, 1er juin 1902.

en cette occasion, rendu au positivisme la justice qu'il mérite. Dans votre livre, vous avez pour lui des duretés que se sont efforcés de ne point mériter les doctrinaires étroits qui, dans l'affaire Dreyfus, ont traduit ainsi la socialité et l'altruisme qui sont dans Auguste Comte :

« Vivre pour autrui », avait dit le maître. Donc : *mourir pour autrui*, ce qui est la forme la plus noble et la plus expressive du dévouement social. Donc — ici une glissade insensible autant qu'inévitable — puisque la société est tout, et l'individu si peu : *faire mourir pour autrui*. Seuls les positivistes qui ont gardé le sens critique que s'efforça de leur donner Auguste Comte dans la première partie de son œuvre, ne se sont pas laissé glisser. Il est vrai que ceux-ci ne sont pas orthodoxes, et c'est eux, sans doute, que vous englobez dans l'anathème furieux que vous jetez à tous les partisans de la pensée libre ou de la libre-pensée.

Mais que dis-je! C'est tout le positivisme, ce sont tous les positivistes, sur qui vous jetez l'anathème. J'ai, en effet, sous les yeux celle de vos lettres où vous me dites : « J'exècre Auguste Comte et ses théories mystiques presque à l'égal de sa classification des sciences. Il n'y a pas des sciences, mais une science. » Constatons que l'Auguste Comte mystique et théocrate sans Dieu vous semble moins exécrable quand vous le comparez à l'Auguste Comte à qui nous devons la classification des sciences. Votre exécration va donc surtout à ceux de ses disciples qui, à la suite de Littré, n'ont retenu de son œuvre que sa philosophie des sciences. Essayons de savoir pourquoi, la chose en vaut la peine.

X

LA SCIENCE ASSERVIE A SES ENNEMIS

Je vous avais dit, Monsieur, dans une de mes lettres : « Si la biologie est un des éléments essentiels de la sociologie, on ne peut constituer la sociologie uniquement au moyen de la biologie. » C'est alors que vous me répondîtes : « Je pense le contraire, car je ne suis point *positiviste*. J'exècre Auguste Comte et ses théories mystiques à l'égal de sa classification des sciences. Il n'y a pas des sciences, mais une science. » Et, poursuivant, vous fîtes cette déclaration, qui me donne, je crois, la clé de votre conception de l'unité scientifique : « La sociologie est un cas spécial de la biologie, comme celle-ci en est un des sciences physico-chimiques et mécaniques. »

C'est proprement, j'en conviens, le renversement total de la pyramide édifiée par Auguste Comte. Il dit : Les sciences se hiérarchisent en complexité croissante. Vous dites : La science est une, et se spécialise en cas : et le cas spécial de la sociologie dépend du cas spécial de la biologie, comme celui-ci dépend des cas spéciaux physico-chimiques et mécaniques. Au point de vue méthodologique, cela est de grave conséquence ; mais ce n'est pas ici le lieu d'en disputer. Au point de vue philosophique, et c'est celui où s'est placé Auguste Comte, cela est de bien plus grave conséquence encore.

Auguste Comte dit, aux termes près : On ne peut faire de sociologie si l'on ignore la biologie, de biologie si l'on ignore la chimie, de chimie si l'on ignore la physique, de physique si l'on ignore les mathématiques. En parlant ainsi, il n'affirmait pas seulement la complexité croissante, mais encore la solidarité des sciences, en passant des sciences exactes aux sciences naturelles pour aboutir aux sciences sociales. Il eût donc pu dire aussi bien que vous : La science est une. Mais il eût ajouté : Les parties dont elle est composée sont en complexité croissante, c'est-à-dire hiérarchisées.

C'est ce qu'il démontrait, avec les moyens que la science de son époque mettait à sa disposition, et sa pensée s'imposait invinciblement à l'esprit de ceux qui l'entendaient. Il expliquait que la physique est une science qui se sert des mathématiques et ne peut exister sans elles, puisqu'elle utilise les lois de la mécanique pour connaître les propriétés des corps ; que la chimie ne pourrait connaître la composition des corps, si la physique n'en avait fait connaître les propriétés. Il ajoutait que c'est par la chimie que l'on pénètre dans le domaine biologique; sans les réactions chimiques, il est impossible, en effet, de pousser un peu loin l'étude de la biologie. La sociologie, enfin, ne peut naître, cela se comprend, que d'une connaissance assez étendue des conditions de la vie individuelle, puisque la vie sociale est la somme des vies individuelles, ou plutôt puisque, théoriquement, on pourrait concevoir l'individu en dehors de tous rapports sociaux, tandis qu'on ne peut concevoir la société d'aucune manière, si l'on n'a aucune connaissance, au moins générale, des lois de la vie individuelle.

Notre intérêt et notre raison trouvent également leur compte à cette classification des sciences, à cette hiérarchie en complexité croissante. Par elle, nous apprenons que le gouvernement des sociétés n'est pas laissé à l'arbitraire ni à l'instinct ; nous nous expliquons que les castes héréditaires aient été remplacées par les classes d'élection ou de vocation ; nous nous rendons compte qu'une plus grande connaissance du milieu social et cosmique produise une croissante division du travail et une plus exacte répartition des produits de l'industrie humaine, en même temps qu'une moindre déperdition des forces productives. Les sociétés et leurs gouvernements valent ce que vaut la science du moment. La science est-elle nulle, encrassée de scolastique, embroussaillée de préjugés et d'erreurs héréditaires ? la société est serve et le pouvoir tyrannique. Cette société, le prêtre et le soldat la dominent.

A mesure que la science se fait, se sépare des erreurs, des préjugés, des traditions, on la voit en même temps guider les navires rapides sur les mers, multiplier la force de l'homme sur le métier, donner leur pleine valeur aux forces réelles et anéantir les forces imaginaires. Parallèlement, le sujet se transforme en citoyen, la direction intellectuelle passe du prêtre au savant, et la direction sociale échappe aux manieurs d'épée pour passer aux manieurs d'outils.

Fermant les yeux à ces évidences, aperçues par Saint-Simon, constatées et systématisées par Auguste Comte, vous venez, Monsieur, et vous dites : « Il n'y a pas des sciences, mais une science. » Ce n'est pas seulement une querelle de méthode que vous soulevez. En effet, vous ajoutez : « La sociologie est un cas spécial de la biologie, comme celle-ci en est un *des sciences* physico-chimiques. » Vous reconnaissez donc que tous les cas spéciaux de cette *science une* se groupent hiérarchiquement, pour employer l'expression même d'Auguste Comte. Tout au moins, vous avouez leurs rapports et leur mutuelle dépendance. Vous subordonnez la sociologie à la biologie, puisque vous faites de celle-là un « cas spécial » de celle-ci. Mais c'est un pur jeu de mots. Vous renversez la hiérarchie de Comte, mais renverser une hiérarchie, ce n'est pas la supprimer. C'est simplement mettre à un bout ce qui était à l'autre, et inversement.

Or, nul ne conteste que la sociologie dépende de la biologie, et celle-ci de la chimie, et ainsi de suite. Mais la biologie ne contient pas plus toute la sociologie, que la chimie ne contient toute la biologie. Car, à ce compte, il suffirait d'être très fort en mathématiques pour posséder *ipso facto* tous les « cas spéciaux » de la « science une », y compris la dernière, la plus complexe et naturellement la plus incomplète et la plus mouvante de toutes : la sociologie.

D'intervertir ainsi la hiérarchie des sciences, à quoi cela vous conduit-il? A vous rendre incapable de vous rendre compte du mouvement des sociétés. A vous opposer rageusement aux nécessités de temps et de milieu qui enlèvent toute raison d'être à la domination du prêtre et du soldat. Admirez, Monsieur, les conséquences funestes d'une erreur de méthode.

Pourquoi en est-il ainsi? Parce que, chez vous, le savant spécialisé a fondé, vaille que vaille, toute sa philosophie sur sa spécialité. Oui, par une très curieuse modification supérieure du vieil homocentrisme, vous faites de votre science, pardon! de votre « cas spécial », la science des sciences et lui subordonnez toutes les autres connaissances. De là votre brutal automatisme social, si étroitement calqué sur l'automatisme biologique observé dans votre laboratoire.

Pour que le lecteur puisse saisir votre procédé mental sur le vif, je veux placer sous ses yeux le passage suivant, où le vice de votre méthode apparaît d'une manière flagrante :

« Avec des combinaisons nouvelles des éléments dont est faite l'étoffe inconnue des choses, de nouvelles propriétés des corps apparaissent; mais ces propriétés, la sensibilité et la pensée, par exemple — deux états d'un même événement — sont toujours réductibles et *doivent* l'être à la nature des éléments fondamentaux de la combinaison. Voilà pourquoi il n'y a pas, et il ne saurait y avoir, de sciences absolument distinctes de l'organique et de l'inorganique, du « physique » et du « moral », de la vie et de ses manifestations de toute nature, psychologiques, sociales ou politiques. Point de spontanéité dans les corps vivants non plus que dans les corps bruts. Point de liberté, d'égalité, de fraternité dans la société non plus que dans le reste de l'univers, où règnent la force inexorable, contemptrice du droit et de la justice, et le déterminisme inflexible des phénomènes[1]. »

Non, certes, il n'y a pas de sciences absolument distinctes de l'organique et de l'inorganique, mais les sciences de l'organique sont plus complexes que celles de l'inorganique, mais celles-ci n'empruntent rien à

1. Lettre à l'auteur, 4 juillet 1902.

celles-là, tandis que celles-là ne sont rien sans celles-ci. Donc, complexité croissante à mesure que l'on passe de l'inorganique à l'organique, et que l'on va de l'organique simple à l'organique composé. C'est pour cela que les sciences mathématiques, dites exactes, sont plus achevées que les sciences physiques et naturelles. C'est également pour cela qu'un botaniste en sait plus sur les propriétés de ses plantes qu'un biologiste sur les fonctions du cerveau. C'est toujours pour cela que les sociologues errent encore sur les lois générales et se querellent sur les méthodes, alors que vous et vos savants confrères nous avez déjà rapporté d'importantes certitudes sur les localisations cérébrales et sur le système nerveux.

Mais, lorsque vous voulez transplanter vos certitudes biologiques sur le terrain mouvant de la sociologie, vous voyez ce qui arrive. Par incapacité absolue de tirer de la science, telle que vous la concevez, une règle de vie pour le monde moral, dont la science n'est pourtant pas, elle non plus, « absolument distincte » de la science du monde physique — vous abandonnez la partie et laissez la société à ses préjugés héréditaires et son gouvernement à ceux qui, par force et par persuation, la veulent maintenir dans cet état : le prêtre et le soldat. N'est-ce pas à vous, Monsieur, que M. Brunetière pensait lorsqu'il proclama la faillite de la science?

D'ailleurs, et la rencontre est assez piquante, la trop étroite systématisation positiviste amène sur votre terrain des esprits qui eussent dû rester sur le leur, sur le nôtre. Pareille mauvaise fortune est échue à certains savants, faute de s'être constitué une philosophie, soit avec leur science propre, soit avec la synthèse actuellement faisable des sciences. C'est le cas de M. Giard, et ce savant est représentatif de toute une espèce. Voici, je pense, comment il a pu arriver à se déclarer contre Dreyfus, abstraction faite de la culpabilité ou de l'innocence, et, selon son expression, à subordonner « un intérêt inférieur à un intérêt supérieur » (janvier 1898) : Quand un organisme est malade, on n'hésite pas à sacrifier quelques cellules. De même, quand une société est en péril, elle ne doit pas hésiter à sacrifier un ou plusieurs individus à son salut.

Voilà le danger des analogies trop étroitement construites, et de la science sans philosophie. Je puis bien, en effet, si je suis malade, sacrifier quelques citoyens de la république de cellules dont se compose mon individu. Mais la société n'est pas un individu dont je suis une cellule, et fût-elle un individu et moi sa cellule, tout me dit que la société est faite pour moi, pour Pierre, Jacques, Paul, etc., jusqu'au plus infime membre de la famille humaine, et non nous tous pour elle. A la rigueur, nous pourrions vivre sans elle, tandis qu'elle ne vit que par nous et pour nous. Nous pouvons, nous devons lui offrir notre vie, si son salut, le salut de tous les autres individus, l'exige; mais elle ne peut, elle ne doit rien contre nous si nous n'avons pas manqué aux principes qui la constituent et nous relient à elle.

Il y a un moindre péril pour une société à laisser impuni le plus grand coupable qu'à se rendre elle-même coupable du sacrifice d'un innocent; dans ce dernier cas, en effet, le crime est partagé par chacun des individus qui composent la société. Et nulle société ne peut vivre criminelle, pas plus que nul organisme ne peut vivre d'un sang infecté.

Si je n'étais pressé par mon sujet, je vous montrerais, Monsieur, le mal que fait la spécialisation scientifique aux esprits que n'anime nulle généralisation philosophique, ou qui se bornent à généraliser par analogie avec le petit département scientifique où ils exercent leur maîtrise. Je vous montrerais les darwinistes pliant la sociologie à leur biologie, et les lombrosiens pliant le droit criminel à leur anthropologie. Et vous y verriez que, faute d'une philosophie des sciences, qu'Auguste Comte tenta de constituer et dont il posa réellement les principes et assit la méthode, ils fournissent des armes empoisonnées aux ennemis de la science et de la raison humaine.

C'est au nom de la lutte pour l'existence que les capitalistes forment leurs trusts et écrasent à la fois les ouvriers et les consommateurs; c'est au nom de l'anthropologie criminelle que les rétrogrades qui n'ont renoncé qu'à regret à la torture se proclament aujourd'hui partisans du maintien de la peine de mort.

Les ennemis du progrès font ainsi coup double : ils utilisent la science, et la discréditent en la tournant contre elle-même et en transformant en œuvres de stagnation et de mort les œuvres de progrès et de vie qu'on attendait d'elle.

XI

LES CONTRADICTIONS DE LA FOI ET DE LA SCIENCE

Mais vous êtes vous-même, Monsieur, un exemple frappant des inconséquences où peut tomber un esprit scientifique quand il veut philosopher sans le secours des faits, ou en s'appuyant sur les faits qui sont l'objet de sa préférence, de son préjugé, ce qui, d'une manière comme de l'autre, est on ne peut plus antiscientifique.

Vous êtes, d'une part, athée, matérialiste, évolutionniste. D'autre part, vous êtes chrétien, clérical, traditionnaliste. C'est pour nous expliquer cette formidable contradiction que vous avez écrit votre livre. Vous sentez qu'en effet vous nous devez des comptes. Vous êtes un éducateur public, votre enseignement a formé toute une génération. Vous avez écarté de l'idée républicaine des citoyens que votre analyse en a dégoûtés ; vous avez combattu le libéralisme dans ses deux aspects modernes : l'individualisme et le socialisme, de manière à en éloigner à jamais ceux qui avaient reçu vos leçons. Il faut donc examiner ce que vous nous offrez pour remplacer tout ce que vous avez détruit dans l'esprit de ceux qui, demain, dirigeront la France.

Vous avez établi, et ce n'est pas moi qui vous le reprocherai, une séparation absolue entre la foi et la science.

« J'ai soutenu et je répète, avez-vous dit, qu'entre la foi et la science, bien comprises, il n'existe point de conflit possible ; mais s'il n'y a pas de conflit possible, c'est à la condition qu'il n'y ait point de rencontre. Leur domaine est distinct : elles s'ignorent, elles ne répondent ni aux mêmes besoins ni aux mêmes questions. Si l'une entreprend sur le domaine de l'autre, comme il y en a tant d'exemples; si, sous prétexte d'accord et d'harmonie supérieure, on tente de réconcilier la science et la révélation, la rencontre ne peut être que désastreuse : c'est une catastrophe[1]. »

Point de rencontre, c'est parfait. Il ne s'agit plus que de délimiter le domaine de la

1. *Campagne nationaliste*, p. 233.

science et celui de la foi. Mais j'y songe : Qui dit limite dit contact, et contact implique nécessairement conflit. A moins que la foi ne renonce à diriger tout l'homme, ou que la science n'arrête ses recherches, je vois partout des contacts et, en conséquence, partout des conflits.

Vous êtes vous-même le terrain le plus figuratif et le plus vivant de ces contacts et de ces conflits : vous êtes athée, matérialiste et évolutionniste, voilà votre pensée; vous êtes chrétien, clérical et traditionnaliste, voilà vos gestes. Et en même temps, vous refusez d'harmoniser votre pensée et vos gestes à la manière de Pasteur, qui, lui, croyait à la conciliation de sa science et de sa foi, et vous le prenez assez durement à partie pour cette inconséquence.

Car, pour vous, l'inconséquence n'est pas de penser en savant et d'agir en homme de foi, mais d'être homme de science et de foi.

« La science, dites-vous, est et sera toujours étrangère à la foi[1]... » « La science ne sait rien et, par définition, ne peut rien savoir de ce que croit la foi : Dieu, l'âme immortelle, la liberté morale, la vie future,

1. *Campagne nationaliste*, p. 267.

le miracle et le surnaturel. La foi ne sait pas : elle croit[1]. »

La contradiction de l'homme de science qui est en même temps un homme de foi, et en cette double qualité s'efforce de concilier la science et la foi, cette contradiction s'explique par le défaut de philosophie que l'on constate trop souvent chez les savants; elle tient, comme je l'ai dit plus haut, à la spécialisation scientifique. Cet homme-là, s'il ne se justifie, se comprend et s'excuse.

On ne peut blâmer, en bonne morale, le mouvement qui le porte à mettre de l'harmonie entre ce qu'il croit et ce qu'il sait, et l'on doit y voir, non une hypocrisie, mais au contraire la marque d'une grande sincérité. J'avoue que le cas de Pasteur fervent catholique m'a toujours profondément ému. Mais vous, rien ne vous émeut, pas même la tentative que font les hommes de foi pour se réconcilier avec la science, et vous êtes plus impitoyable encore pour ceux-ci que pour les savants qui veulent croire.

Vous êtes respectueusement impitoyable, mais vous êtes impitoyable quand vous constatez que « la science n'a rien appris à l'ec-

1. *Campagne nationaliste*, pp. 233-234.

clésiastique, puisqu'elle ne sait rien de ce qu'il lui importe tant de savoir et d'enseigner. Mais il ne se rend pas à l'évidence des lois de la critique et de la connaissance. Il est utilitaire et pratique ; il ne saurait comprendre pourquoi l'on cherche à approfondir ce qu'on a défini tout d'abord inconnaissable[1] ».

Vous êtes impitoyable, mais j'aimerais mieux que vous fussiez logique. Ces limites que vous posez au double domaine de la foi et de la science, l'ecclésiastique ne les admet pas, ne peut pas les admettre sans manquer à la foi. De même, le savant ne peut les admettre sans manquer à la science. Vous croyez les accorder en les séparant, mais tout les rapproche pour les opposer et faire éclater leur conflit. Cette opposition, vous la sentez bien, pourtant, lorsque, parlant de la prétention « des nouveaux apologistes catholiques » à vouloir « être à la fois les hommes du livre et les hommes du siècle » vous constatez qu' « il y a contradiction à vouloir représenter à la fois la tradition et le progrès[2] ».

Cette opposition, vous la dénoncez en termes très expressifs dans l'analyse que vous nous donnez de « la structure mentale d'un

1. *Campagne nationaliste*, p. 239.
2. *Id.*, p. 262.

religieux, d'un théologien ou d'un métaphysicien ». Pour un tel cerveau, dites-vous, « toutes les solutions des problèmes d'ordre psychologique auxquelles arrive la science des fonctions du système nerveux ne sont admises qu'à titre de faits, non de principes »,... « chacun de ces problèmes projette en quelque sorte dans leurs cerveaux ce que l'homme primitif appelle des « ombres », le « double » des anciens Égyptiens... Le double se dédouble, et, d'abstraction en abstraction, de principes ontologiques en postulats de la raison, d'idéalités en vérités éternelles, on monte dans un empyrée de formes vaines, ombres et fantômes de mots vidés du contenu qu'ils renfermaient chez Démocrite, chez Laplace, chez Darwin[1] ».

Il est certain que voilà une mentalité absolument opposée à celle du savant. Le prêtre, le théologien explique tout, au moyen des lumières spéciales qu'il a sur tout. Il ignore l' « aveu d'ignorance, qui rend le savant si humble », il « évoque un Olympe de forces métaphysiques et d'entités théologiques qu'il paraît connaître et fréquenter comme des génies familiers[2] ».

1. *Campagne nationaliste*, pp. 268-269.
2. *Id.*, p. 238.

Eh bien, le prêtre qui s'enferme dans sa foi et combat la science, le savant qui s'enferme dans sa science et combat la foi, le prêtre qui tente de plier la science à la foi, le savant qui veut accorder la foi et la science, sont tous logiques et cohérents. Ils ont tort ou raison, peu importe. Les uns veulent tout annexer à leur domaine théologique ou scientifique, ils sont logiques; les autres veulent satisfaire leur raison et leur croyance par l'accord de la science et de la foi, ils ont leur logique aussi.

Mais vous, vous qui pensez en athée et prétendez agir en croyant, vous qui faites de la science et voulez garder la tradition, comment vous accordez-vous avec vous-même? En enfermant la science dans un domaine et la foi dans un autre. Vous croyez qu'il suffit d'interdire au prêtre de s'aventurer sur le terrain scientifique et de « fermer au savant » le domaine théologique, pour que tout soit dans l'ordre que vous désirez et s'y tienne immuablement!

D'abord, quelles sont vos limites, ces limites que la science ne doit pas franchir? Dieu, l'âme immortelle, la liberté morale, la vie future, le miracle et le surnaturel, voilà, selon vous, le domaine de la foi, où la science n'a pas à voir. Ainsi, selon vous, savant, la science n'a jamais modifié et par conséquent ne modifiera jamais ces concepts. On croit rêver, vraiment.

Quoi! lorsqu'un théologien dit : « Dieu crée », le savant doit se taire! Vous-même, monsieur Jules Soury, vous devez vous incliner, retenir le cri de votre conscience de savant et feindre d'accepter cette audacieuse négation de la matière incréée! Ou si vous le dépouillez, au nom de la science, de tous ses attributs créateurs, de tout pouvoir de modifier les lois éternelles, que devient ce Dieu que vous laissez au théologien, et que voulez-vous que celui-ci en fasse? Comment voulez-vous qu'il l'emploie à gouverner les consciences, ce Dieu à qui vous ôtez le gouvernement de l'univers?

Ensuite, on ne pense que pour agir, et pour agir d'une manière plus conforme aux fins qu'on poursuit ou simplement à la fin que l'on est soi-même. Or, la liberté morale, que vous abandonnez si légèrement aux théologiens, rentre dans la catégorie des phénomènes sociaux, puisqu'il n'y a pas de société concevable sans loi morale.

Aussi bien, les théologiens ne sont pas seulement des contemplatifs qui se font une idée particulière de l'univers et de ses mouvements : ils appliquent au monde immédiat leurs spéculations sur l'infini du temps et de l'espace, ils prennent part à la discipline sociale, ils prétendent au gouvernement des sociétés.

Ce n'est pas vous qui les contrariez dans cette œuvre, puisque, pratiquement, vous êtes traditionnaliste et clérical. Et alors, voilà, de votre consentement, la science écartée du gouvernement des sociétés, au profit de la théologie. A ce domaine, que votre science refuse d'explorer, vous annexez le domaine humain, réel et concret. Jamais savant ne poussa aussi loin l'abnégation et la modestie.

Il est vrai que vous fermez jalousement au prêtre, au théologien, les portes du laboratoire. Il se moque bien de cette précaution inutile ! Vous croyez ainsi lui faire sa part, « la meilleure part », dites-vous sans ironie. Les clés de Pierre le lui ouvriront, votre laboratoire ; et s'il y aperçoit qu'au lieu de chercher humblement à remplacer le gaz hydrogène par l'acétylène, vous vous livrez à des diableries, et que vous destituez son Dieu d'un de ses attributs et le reléguez un peu au-delà de Sirius, il tentera de sauver son dieu en brûlant le laboratoire et le savant.

XII

LE FAUX TRADITIONNALISME ET LA VRAIE TRADITION

Vous êtes clérical parce que vous êtes traditionnaliste. Ou plutôt, c'est parce que vous êtes traditionnaliste que vous acceptez de donner au théologien tout ce qu'il demande. Les religions ont constitué la loi morale dans le passé, elles ont été un agent de civilisation, d'adoucissement des mœurs, elles ont conservé le secret du gouvernement des âmes, elles ont une tradition qui maintient fortement les cadres sociaux.

D'autre part, vous considérez la Révolution française comme une œuvre manquée, où les principes ont précédé les faits : votre sens scientifique et réaliste, choqué de cette grave faute de méthode commise par l'idéalisme français, fait un peu, beaucoup! comme Gribouille.

— Ah! la Révolution française est manquée : eh bien! au lieu de la parfaire sur le plan scientifique, nous allons la détruire et retourner à la théocratie et à l'aristocratie. Puisque le catholicisme a une tradition, c'est à lui que nous allons faire revenir ce peuple qui erre, tout désorienté, à la recherche d'une liberté dont il est incapable, et qui d'ailleurs, au regard de notre fatalisme historico-scientifique, n'existe pas. La famille, la caste, la patrie, voilà les cadres immuables dans lesquels l'homme doit se fixer. La religion l'y maintient : optons pour la religion. Nous n'avons pas la foi; mais, pourvu que les foules croient, c'est l'essentiel.

Et, pour les décider à croire, vous leur dites : « Je me sens profondément chrétien quant à la règle de vie[1]. » Vous leur montrez, en les exagérant quelque peu, les services rendus à la moralité générale par les religions.

« Avoir fait, dites-vous, d'une brute aux instincts naturellement bas et sensuels, d'un barbare atroce et cruel, une créature morale et pieuse, voilà l'œuvre des religions. Mais ces grandes écoles de discipline du cœur et de la pensée... ne sont que l'expression des be-

1. *Campagne nationaliste*, p. 211.

soins les plus nobles et les plus élevés de la nature humaine transformée lentement, au cours des âges, par l'amour et le sacrifice des pères qui ont fondé la famille, la caste, la patrie[1]. »

Et pour mieux les pénétrer de votre sombre réalisme social et de l'incapacité où vous les tenez, vous dites aux foules que nous appelons à se déterminer sur les lumières de la science et de la raison :

« Ces libres penseurs ou penseurs libres sont bien ignorants s'ils croient que leur pensée échappe à l'universel déterminisme de la nature et que le mot de liberté puisse être autre chose qu'une ânerie de l'école primaire[2]. »

C'est, proprement, tourner la science comme une arme de mort contre ceux qui veulent s'en servir comme d'un moyen de vie. C'est faire du déterminisme universel, absolu, la règle et le modèle du déterminisme social, tout relatif. C'est faire sombrer l'humanité, au nom de la science, dans l'abîme désespérant de la grâce.

Ah! Monsieur, quel grand théologien vous eussiez fait, et comme je comprends votre

1. *Campagne nationaliste*, p. 270.
2. *Id.*, p. 44.

amertume quand vous regrettez que la science ait en vous tué la foi! Vous avez beau déclarer « ne pas connaître le désespoir des athées dont parle Pascal[1] », votre aspiration à « ne plus être[2] » nous en dit assez, et c'est d'une main respectueuse que, plus loin, je toucherai ce point dolent.

Vous justifiez assez sommairement votre traditionnalisme quand vous nous déclarez qu' « une seule chose importe à l'individu qui est homme avant d'être citoyen d'un État : la tradition des ancêtres, les habitudes morales de la famille, la règle de vie transmise des parents à l'enfant. En obéissant aux instincts d'amour, de piété et de vénération pour ceux dont il tient l'être..., l'homme fait son devoir, tout son devoir. Aux autres hommes, il ne doit que la pitié qu'éveillent en tout être vivant la misère et la souffrance d'autrui... En réalité, on n'aime que soi ; des rhéteurs seuls parlent d'altruisme, de solidarité et de fraternité universelle[3] ».

Pourquoi est-ce le devoir de l'homme de vénérer ses ancêtres? Voilà, Monsieur, ce que vous oubliez de nous dire. Si je suis

1. *Campagne nationaliste*, p. 49.
2. *Id.*, p. 49.
3. *Id.*, pp. 204-205.

chrétien, je n'ai qu'à ouvrir le décalogue, et je connais les causes de mon devoir, tout au moins j'en apprends les sanctions. Mais si, comme vous, je suis athée et matérialiste, ce mot de devoir n'est qu'un mot, si rien qui soit d'utilité générale ou particulière ne le justifie.

Et puis, qu'est-ce que ceci : être homme avant d'être le citoyen d'un État? On est homme aussi avant d'être le membre d'une famille, à votre compte. Ou bien alors, où finit la famille, où commence la société que l'État représente? Chez les Romains, chez les Germains, la famille c'était quelque chose de très étendu, et le sang n'y était pas l'unique lien. Pour certaines tribus primitives, la famille c'est l'État, ou l'État c'est la famille.

L'homme est donc, selon vous, lui-même, avant d'être membre d'un groupe, si étendu ou si resserré que soit ce groupe. J'aime sous votre plume cette affirmation individualiste qui démolit tout votre traditionnalisme.

Les vrais traditionnalistes, d'ailleurs, c'est nous, Monsieur. Oui, nous fils de la Révolution française et tenants des Droits de l'Homme. Vos nationalistes cléricaux sont de mesquins et étroits traditionnalistes à côté de nous, et de minces patriotes par dessus le marché. Ils ne veulent pas que le provincial se déracine de sa province, ni que le paysan se dépote de son village, ni que l'illettré pauvre se hisse au savoir. Ils osent invoquer, pour leur œuvre de cristallisation sociale, la doctrine de l'évolution, et ils n'aperçoivent pas qu'en s'élargissant dans le temps et dans l'espace, le monde civilisé obéit précisément à la loi de l'évolution.

Eux des traditionnalistes! Ah! la piètre tradition que la leur, qui ne remonte qu'au baptême de Clovis! La nôtre, à nous, tient son patriotisme des héros de Marathon et de Salamine, qui sauvèrent le berceau de notre civilisation — la civilisation universelle, Monsieur! — de l'invasion asiatique. Ils ont la naïveté de prétendre que notre libéralisme innove, que notre détestable Révolution française a rompu la tradition d'une douzaine de siècles. La tradition — saluez, Monsieur, vous qui êtes humaniste! — elle est dans Plutarque, dont s'étaient nourris les hommes qui réveillèrent le monde en 1789; elle est, depuis la Renaissance qui la renoua, dans Montaigne et Rabelais, dans Corneille et Molière; elle est dans Diderot, Voltaire et Jean-Jacques Rousseau. Quel est ce clocher gothique, branlant de vétusté, qui ose nous masquer l'immortel Parthénon?

Et si du temps nous passons à l'espace, n'aperçoit-on pas que notre domaine a reculé ses limites? Notre internationalisme est né en chemin de fer et en paquebot, parmi les ballots de marchandises et de livres qui font peu à peu l'unité de vie et de pensée — l'égalité et la liberté — partout où ils pénètrent. Pour contenir cet univers dans le temps, pour le diriger et l'utiliser dans l'espace, il faut des cerveaux élargis à la mesure de son agrandissement, il faut un cerveau collectif sans cesse plus nombreux et plus agissant.

Voilà le moment que vous choisissez pour rétrécir chaque cerveau individuel et placer le cerveau collectif dans le crâne des théologiens! Ce n'est pas seulement à la mort de toutes nos espérances de liberté individuelle et de justice sociale qu'il faudrait nous résigner, si cette abominable besogne pouvait se faire, mais à la mort de notre patrie française, décérébrée par ceux-là qui la prétendent exalter, et qui la rendraient indigne de figurer parmi les nations du monde civilisé.

Vous le voyez, vous tombez de contradictions en impossibilités. Cela est si évident que je passe bien volontiers condamnation sur l'injure gratuite, donc inoffensive, que vous lancez aux « rhéteurs » qui parlent d'altruisme, de solidarité et de fraternité universelle. Je me borne à constater que votre sensualisme utilitaire, égotiste, ne se motive pas aussi fortement que celui des philosophes benthamistes, puisque vous en êtes réduit à le caler à la fois sur l'autel du catholicisme, auquel vous ne croyez pas, et sur des affirmations que vous négligez de prouver.

Je ne puis cependant m'empêcher de faire une autre constatation. Vous nous avez tous précipités, êtres sociaux et relatifs que nous sommes, dans l'universel déterminisme. Vous avez proclamé que le mot de « liberté », et par conséquent la chose liberté, est « une ânerie de l'école primaire ». Et par un retour secret qu'un théologien pourrait seul expliquer, mais qu'un savant tel que vous devrait se faire un scrupule de nous motiver, vous dites, une soixantaine de pages plus loin :

« Ce vieux mot de liberté, de liberté civile, politique et religieuse, n'est plus vague pour nous, comme il l'a été si longtemps, depuis que nous avons vu les hommes de prière et les hommes d'épée, les congrégations et l'armée de la France, livrés, sous la troisième

République, aux pires attentats contre les biens et les personnes, contre la liberté de professer sa foi publiquement, contre la liberté d'enseigner dans l'école et de prêcher dans l'église[1]. »

Aveu candide ! Pour détourner et désorienter ceux qui veulent acquérir la science, la faire concourir au progrès moral et social, la liberté n'est pas, n'est qu'un vain mot, « une ânerie de l'école primaire ». Mais pour encourager et fortifier ceux qui opposent la foi à la science, l'autorité à la liberté, et déclarent que toute vie morale et sociale prend sa source dans le dogme, la liberté existe : liberté de contraindre, liberté d'étreindre, liberté d'asservir.

Franchement, le courage me manquerait de poursuivre si je n'avais cru démêler le secret de tant de contraditions et d'un tel oubli de toute tenue scientifique; et aussi, hélas! si la haute autorité de votre nom, votre nom jusque-là vénéré d'éducateur public, ne servait d'abri à tous ceux qui, par lâcheté intellectuelle, ou inaptitude à s'adapter au monde en devenir, ou par désir de jouir en paix de situations iniques que les justices de

1. *Campagne nationaliste*, pp. 118-119.

demain menacent, se sont réunis, coalisés contre la science, la pensée, la justice et le progrès. Grâce à vous, ces ignorants disent : « Nous avons la science pour nous »; ces cagots murmurent : « Un philosophe est des nôtres »; ces arriérés nient leur débilité et protestent : « Un homme de progrès nous approuve »; ces jouisseurs clignent de l'œil et ricanent : « Un moraliste très pur nous sanctionne. »

XIII

NATIONALISME ET ANTISÉMITISME

Les nationalistes se défendent d'être antisémites. J'entends les nationalistes politiques, ceux qui se disent partisans de la liberté, du progrès et de la démocratie et, en cette qualité, ont pour adhérents les prêtres et les nobles, et tous ceux qui suivent l'enseignement des prêtres, et tous ceux qui font la politique des nobles. Les listes de la « Patrie Française » pourront servir aux d'Hozier de l'avenir à reconstituer l'armorial de notre pays si, par impossible, les nobles du siècle futur oublient leur glorieuse ascendance. En Allemagne et en Autriche, l'antisémitisme a pour tenants les éléments les plus féodaux, les plus conservateurs, les plus nationalistes.

Vous même, Monsieur, qui êtes le philosophe du nationalisme français, vous êtes antisémite. La défense des congrégations religieuses et la guerre aux francs-maçons attestent assez le caractère catholique, confessionnel, de la politique de M. Jules Lemaître. S'il ne se déclare pas antisémite, c'est parce qu'en politique il faut mentir, de son propre aveu, ou, si vous aimez mieux, ne découvrir ses desseins qu'à mesure qu'on croit pouvoir les réaliser. Que la victoire lui sourie, et M. Jules Lemaître avancera d'un pas, rejoindra son avant-garde que commande M. Drumont, et ajoutera au programme nationaliste l'article antisémitique que vous y avez inscrit, dans votre besoin de logique et d'intégralité doctrinales.

Comme toutes les doctrines qui s'opposent à l'application de la science au gouvernement des sociétés, l'antisémitisme prétend emprunter à la science ses preuves et ses moyens. Le nationalisme se fonde sur des théories ethniques : la race est son critérium, et non la libre volonté des peuples. Ces théories ethniques sont également le fondement de l'antisémitisme. Le juif est un être d'une autre race, il est inassimilable à la race du pays où il se fixe ; il a donc tous les caractères qui constituent l'étranger, l'ennemi.

Vous, Monsieur, pour qui la Patrie est la « Terre des Morts », vous vous fondez à la fois sur la tradition et sur la race pour combattre le juif et l'extraire de notre nationalité. Les ossements de ses pères ne se mêlent point en effet aux ossements de nos pères. Sa « terre des morts » est un coin maudit de nos cimetières, ce coin où l'on relégua Molière. C'est si bien sur la religion que vous fondez la tradition, et vous tendez si bien à l'absolu conformisme catholique, que, matérialiste et athée, vous écrivez des phrases comme celle-ci :

« Les Francs-maçons, les Protestants et les Juifs représentent donc bien, en face des catholiques, la pensée libre, sans tradition, sans servitudes volontaires. Entre les uns et les autres l'état de guerre est fatal. Mais la force et l'étendue d'esprit ne sont point du côté qu'on croit. Toutes les conquêtes de l'intelligence ont été l'œuvre d'individus isolés et solitaires. Dans son ensemble, la masse des hommes n'a jamais raisonné ni réfléchi. Comme Caliban, le peuple ne se sert de la parole que pour maudire ceux qui lui ont appris le Verbe et révélé la Raison. De là, cette haine naturelle du monde contre l'Église, et en particulier contre les moines[1]... »

1. *Campagne nationaliste*, p. 206.

J'ai cité ce passage en entier pour montrer à quelles contradictions se condamne un grand esprit quand il est en proie à l'idée fixe. Vous y faites le procès de la pensée en révolte contre les soumissions et les routines de la tradition. Vous y proclamez l'Église une émancipatrice intellectuelle. Et pour prouver que les foules sont incapables de raison, vous invoquez les « isolés » auxquels on doit les conquêtes de l'intelligence. Carlyle et Nietzche, appelés au secours des congrégations, voilà qui est plaisant! Mais ce qui l'est moins, c'est que vous en soyez venu à oublier que ces isolés, qui ont combattu les routines, se sont révoltés contre les traditions, ont toujours trouvé devant eux cette corporation, cette « masse », qu'on appelle l'Église.

Êtes-vous au moins plus solide, plus cohérent sur le terrain ethnique? Vous êtes un savant. Ici vous devez triompher du pauvre ignorant que je suis. Je vais donc vous donner la parole :

« ... Bouddhistes ou chrétiens, dites-vous, ... en dépit des quelques éléments sémitiques du christianisme, nous sommes de même race, des Aryens de race indo-européenne, ... nous avons au fond la même conception du monde et la vie, le même idéal stoïcien de renoncement et de sacrifice, le même culte de l'honneur, ce culte d'où sortit notre chevalerie spirituelle, tout un peuple de héros et de saints, — la religion de l'infini[1]. »

Vous condamnez donc la race juive parce qu'elle n'est pas idéaliste. Or, nous avons vu plus haut que vous condamnez la Révolution française parce qu'elle fut un mouvement idéaliste. Vous vous plaisez, Monsieur, à ces contradictions, dont l'accord fait le triomphe des théologiens. Mais ceux-ci ont le mystère au service de leur dialectique.

Cette ressource, il vous est interdit, Monsieur, d'y recourir. Votre qualité de savant s'y oppose. Nous sommes ici en face de phénomènes, et non de cogitations métaphysiques ou de concepts théologiques. Une race, c'est un phénomène. Les attributs et qualités d'une race, son plus ou moins d'idéalisme, ce sont également des phénomènes. Tout cela n'appartient pas au domaine de l'inconnaissable, si complaisamment élargi par vous aux dépens de la science, au profit de la croyance. Ici, donc, il faut démontrer, prouver. Et comment le pourrez-vous si vous

1. *Campagne nationaliste*, p. 212.

commencez par affirmer des contradictoires irréductibles ?

Contradiction dans la contradiction ! Pour vous, j'imagine, le patriotisme est une forme de l'idéalisme national, et non pas seulement la servile répétition des gestes ancestraux. Or, ces juifs, que vous destituez de toute notion d'idéalisme, voici comment vous parlez d'eux, voici en quels termes vous faites l'apologie de leur nationalisme et l'identifiez au vôtre même :

« Seul le nom, l'idéale vision de Jérusalem, fait encore descendre la rosée dans les yeux calcinés du Juif. Or, ceux-là sont-ils donc à jamais perdus et dégénérés qui ont conservé le don des larmes ? Nous ne le croyons pas. Israël se souvient ; il aime toujours. « O Jérusalem ! si je t'oublie, j'oublierai ma main « droite ! » (Ps. CXXXVII, 5.) C'est dans cet amour de l'enfant pour la vieille mère défunte, dans la fidélité aux rites, aux coutumes, à la religion des ancêtres, dans la piété de ces déracinés pour la terre des morts — pour la patrie — qu'est, selon nous, le signe certain, l'annonce et le présage infaillible de la future rédemption d'Israël[1]. »

1. *Campagne nationaliste*, pp. 94-95.

Bien mieux, entrant dans les vues de M. Max Nordau — je ne sais si son « sionisme » en sera bien flatté — vous poussez l'esprit de race jusqu'à dire : « Tout homme de race aryenne, tout chrétien, loin de vouloir la mort ou la conversion du Juif, ne désire que lui acheter du blé ou des dattes lorsqu'il sera redevenu fermier en sa vieille terre de Chanaan[1]. »

Très bien, va-t-on dire. Passons sur une des contradictions de M. Jules Soury, celle où il refuse et accorde le don d'idéalisme et de patriotisme aux juifs. Il est fidèle à un des principes de son ethnicisme. S'il ne veut pas la mort des races, il demande du moins qu'elles ne se mêlent point et que chacune ait sa vieille terre, ses fermes, et ses cimetières où vit le culte des morts, et ses églises où s'entretient le culte des traditions.

Pauvre lecteur qui te crois quitte, et penses enfin tenir le fil conducteur, admire avec quelle brutalité M. Soury le casse dans tes mains. Il vient de réhabiliter le juif, de nous le montrer idéaliste et patriote ; eh bien, à quelques pages de là, il va lui imputer à crime cet idéalisme national, cet attachement à la « Terre des morts ».

1. *Campagne nationaliste*, pp. 91-92.

« La conduite des Romains à l'égard des Juifs fut d'autant plus méritoire qu'aucune nation vaincue ne se déchaîna plus souvent, et avec plus de rage, contre les vainqueurs. On le vit bien dans la guerre de Judée, et surtout dans le siège de Jérusalem, où Vespasien et Titus durent écraser des milliers d'ennemis devenus sourds et insensibles, fermés à toute espèce de raison, n'ayant plus de l'homme qu'un masque convulsionné, hagard, hideusement contracté par la haine. Tous ces forcenés firent du temple un repaire de brigands, disons mieux, de hyènes st de chacals[1]. »

Patriotes, que M. Jules Soury appelle aujourd'hui aux combats où « il ne s'agit pas de vaincre », voilà, si nous y perdons notre nationalité, ce que diront de vous les Jules Soury du xxxe siècle! Vous n'aurez plus de l'homme, comme les contemporains de Josèphe, « qu'un masque convulsionné, hagard, hideusement contracté par la haine », c'est-à-dire par les saintes fureurs du patriotisme. Et si vous mourez bombardés dans la crypte fortifiée du Sacré-Cœur, on dira que vous avez fait du refuge national et religieux « un repaire de brigands, disons mieux, de hyènes et de chacals ».

1. *Campagne nationaliste*, pp. 102-103.

Comme vous êtes cruellement puni, Monsieur, d'avoir adhéré à ces doctrines de méchanceté et de stupidité Il vous sera impossible, tant que vous y demeurerez enfermé, de rien utiliser de votre immense savoir et de vos puissantes facultés de raisonnement. Et nous considérerons attristés ce singulier phénomène d'envoûtement dont vous êtes la victime. Je n'oserais compter vos contradictions si je n'avais le devoir de secouer le charme funeste qui, de votre personne, s'est étendu sur une partie de la jeunesse pensante à la faveur de l'autorité que vous ont légitimement acquise vos travaux scientifiques.

Comptons donc. Vous affirmez : 1° que le juif n'est pas idéaliste ; 2° qu'il l'est ; 3° que son idéalisme est scélérat. Comme j'ai mis de l'ordre dans ces affirmations, on va en conclure que, selon vous, le juif n'est pas idéaliste à la manière de l'aryen, qu'il l'est à sa manière, que cette manière est mauvaise. Soit. Mais pourquoi cette manière est-elle mauvaise ? Pourquoi le patriotisme est-il vertu chez l'aryen et vice chez le juif ? Ici, Monsieur, vous n'avez qu'une réponse « scientifique » à faire, et nous verrons en effet plus loin que votre « darwinisme » n'y manquera pas : c'est que les juifs ont été vaincus, et que tout vaincu est un condamné du destin, par conséquent de l'histoire.

Et comme il faut effacer de l'histoire l'effigie même des vaincus, vous les défigurez. Comme il faut justifier les vainqueurs, vous les défigurez également. Vous risquez ainsi d'effacer l'histoire même, mais son airain est assez résistant. Pour défigurer les juifs et justifier leur disparition du rang des nations, vous les accusez de prosélytisme.

« Ce n'est point, dites-vous, dans les villes de haute culture et de civilisation raffinée, comme Athènes et Alexandrie, que le prosélytisme juif et chrétien put s'exercer au premier siècle[1]. »

Le prosélytisme chrétien, qui était grec et romain, on le connaît, on a vu ses résultats. Mais le prosélytisme juif, chaque chapitre de la Bible, chaque page de l'histoire le contredit. Que si la Bible a été désobéie, que si réellement les juifs de Byzance, comme le croit Élisée Reclus, ont converti quantité de Slaves, voilà toute votre théorie de la race, votre ethnicisme si cher, qui f... le camp.

Mais le dieu juif de la Bible est si manifestement différent du dieu gréco-romain de

1. *Campagne nationaliste*, p. 105.

l'Évangile, celui-là est si évidemment un dieu ethnique, national, et celui-ci un dieu cosmopolite, universel, créé par l'unité et l'impérialat romains et à leur image, que, fût-il vrai, le phénomène de prosélytisme juif invoqué par Élisée Reclus serait fort limité dans le temps et dans l'espace. Ce qui vous a induit en cette erreur, dont votre connaissance de l'histoire eût dû vous préserver, c'est que les écrivains latins qui ont noté les premiers mouvements du christianisme naissant ont appelé indifféremment juifs les non-conformistes, les monothéistes, qu'ils se réclamassent de Jéovah, de Kreistos, voire de Mithra.

Vous défigurez également les vainqueurs, les destructeurs de la nationalité juive, et l'histoire en reçoit une grave atteinte. Comment pouvez-vous dire que « si l'on excepte quelques pieux Israélites qui, dans des conjonctures bien rares, avaient refusé de sacrifier aux idoles et à l'image de l'empereur, jamais le judaïsme ne fut persécuté comme religion? » Certes, les Romains furent en matière de religion largement tolérants au regard de l'intolérance des peuples qu'ils avaient remplacés sur la face du monde. Ils ne persécutèrent que les cultes exclusifs. Chaque cité vaincue, chaque peuple assimilé, conservait ses dieux, à condition de reconnaître les dieux de la cité métropolitaine, universelle.

Le judaïsme, dès qu'il disparut comme nation, fut donc persécuté comme religion ; car, pour tout juif, la nation et la religion ne faisaient qu'un, et les dieux qui avaient vaincu la nation demeuraient des ennemis. Rome ne persécuta pas les dieux qui se soumettaient, voilà le vrai. Mais elle sévit cruellement contre ceux qui n'acceptaient pas l'hégémonie des dieux romains, image idéale de la puissance romaine. Séparer la nation, la race et la religion, comme vous le faites, c'est d'abord défigurer le rôle des Romains vis-à-vis des juifs. C'est ensuite choir dans une nouvelle contradiction et dans une formidable erreur historique.

Parlant de ce qui se passe en France et des sentiments qu'on y professe à l'égard des juifs, vous dites que les « données absolument élémentaires du problème des races, sont toujours méconnues ou ignorées. Il n'y a point que les journaux juifs ou judaïsants pour entretenir la misérable équivoque sur laquelle vit encore, en France, l'opinion publique : en France, un juif ne se distingue du reste de la nation que par sa religion ! Pour ceux qui ne professent aucun culte, pour la plupart des socialistes, le juif ne diffère donc plus d'un Français. Il n'en va pas de même dans le reste de l'Europe et de l'Asie, où l'instinct ethnique est au contraire d'une infaillibilité presque absolue[1] ».

Examinons cela: dans le reste de l'Europe, surtout dans l'est de l'Europe et en Asie, l'instinct ethnique domine. Vous me concéderez bien, Monsieur, qu'on est moins civilisé en Orient qu'en France, et que l'ethnicisme y est plus ardent aussi.

Mais il y a aussi quelque chose qui y est plus ardent que chez nous : c'est le sentiment religieux. En Orient et dans toute l'Europe orientale, chaque nationalité s'exprime par une religion, et tout non-conformiste est nécessairement un étranger parmi les nations où tous les actes civils et privés sont inspirés, réglés, enregistrés, sanctionnés par la religion. Dans ces pays, l'État ni ses fonctions ne sont laïcisés.

Or, il en était de même à Rome, où la religion inspirait, réglait, enregistrait et sanctionnait tous les actes de la vie publique, tous les actes de la vie individuelle suscep-

1. *Campagne nationaliste*, pp. 138-139.

tibles de mettre un individu en relation avec un autre individu. Si, au lieu de se livrer au prosélytisme que vous lui imputez, le juif s'était soumis aux lois de Rome, c'est-à-dire à la religion du vainqueur, le sentiment de race des Romains ne se serait en rien opposé à son incorporation. Les sémites de Carthage et du littoral asiatique n'ont-ils pas été incorporés à Rome après la perte de leur nationalité ?

L'ethnicisme des Européens orientaux et des Asiatiques n'existe donc que parce que la religion établit entre eux et le juif une barrière insurmontable. M. Bernard Lazare a parfaitement raison quand il déclare avoir « constaté que le Juif n'était vraiment insociable (c'est-à-dire en réalité rejeté hors de la sociabilité par un vigoureux sentiment religieux) que dans les pays comme la Roumanie, la Russie, la Perse, etc., où on le met hors la loi et où on l'oblige à se renfermer dans un ghetto qui lui crée un exclusivisme intellectuel et moral. J'ai établi que le reproche que fait l'antisémitisme moderne aux juifs modernes, ce n'est pas d'être insociables, mais d'être trop sociables ; ce n'est pas de se livrer uniquement à l'usure et à la finance, mais au contraire de porter leur activité sur d'autres points et de se mêler à toutes les manifestations de la vie contemporaine[1]. »

Voilà bien, en effet, le trait qui distingue l'antisémitisme des pays où règnent les Droits de l'Homme de l'antisémitisme des pays où la religion est l'expression idéale de la nationalité et le lien civil et civique. Votre ethnicisme antisémite, vous ne pouvez donc l'appliquer à la France qu'en le contrefortant de cléricalisme. Et encore, vos disciples sont-ils obligés de le rejeter s'ils veulent conquérir toute la France, car l'Algérie en est aussi, de la France, j'imagine.

« Les docteurs de l'antisémitisme eux-mêmes, dit fort justement M. Anatole Leroy-Beaulieu, depuis qu'ils ont fait de l'Algérie leur terre d'élection, ont dû laisser leur théorie favorite à Marseille. En passant la Méditerranée, l'antisémite, au contact des Arabes et de l'Islam, doit dépouiller son prétentieux déguisement scientifique, pour redevenir un vulgaire antijuif[2]. »

1. *Contre l'Antisémitisme*, p. 16.

2. *Les périls de l'heure présente.* (Revue du 15 janvier 1901.)

XIV

LA FAILLITE DE L'ETHNICISME ANTISÉMITE

Je serais heureux de vous féliciter de n'avoir pas fondé votre théorie de la race sur les fantaisies de M. de Lapouge, si bien réduites à néant par M. Manouvrier. Votre nationalisme n'oppose pas le crâne rond des Celtes au crâne long des Germains, et je voudrais croire que, si vous ne faites pas reposer le patriotisme français sur la brachycéphalie, c'est par respect pour vos propres travaux non sur la structure extérieure du crâne, mais sur son contenu, quantité et qualité.

Mais votre nationalisme est plus particulièrement antisémite : c'est uniquement contre le sémite que vous suscitez l'idée de race, et vous blâmez les aryens de France de n'être pas aussi complètement antisémites que les aryens d'Allemagne, d'Autriche et de Russie, puisque ceux-là ne le sont que par la religion, alors que ceux-ci le sont de toutes les manières. Il m'est donc impossible de vous faire un mérite d'avoir négligé les arguments sur lesquels s'appuya le premier essai d'une théorie scientifique du nationalisme. Vous n'avez pas rejeté la thèse de M. de Lapouge parce qu'elle était absurde, mais parce qu'elle ne valait rien pour votre nationalisme catholique, romain et antisémite.

Pour expliquer l'opposition de race, l'irréductibilité de l'aryen au sémite, et réciproquement, vous appelez bien la science, mais d'un geste si timide et si furtif, que l'on conçoit bien qu'elle ne vous ait pas répondu. Pourtant, là, vous étiez sur votre terrain. Quel triomphe, pour un maître de la psychologie expérimentale, de pouvoir nous crier, du fond du laboratoire : la conformation cérébrale du juif lui fait une mentalité irréductible à la nôtre. Mais vous saviez que vous ne pouviez lancer cette affirmation en votre nom propre et comme conclusion de vos propres recherches.

Respectant votre science et la réputation qu'elle vous a donnée, c'est dans les travaux d'autrui que vous êtes allé chercher des conclusions conformes à vos sentiments, qui, eux, n'ont rien à démêler avec la science. Et dans ces travaux, vous avez fait un tri. Vous avez mis de côté les savants juifs pour cause de suspicion légitime.

Bien que vous ne refusiez pas toute valeur aux travaux de Lombroso, qui est juif, sur l'extase et les hallucinations[1], vous écartez ce savant avec dédain quand il aborde « les parties anthropologiques et cliniques du sujet dont nous parlons... » Selon vous, « elles ne sauraient être traitées, au moins sans contrôle, par des juifs, à en juger d'après les travaux, dénués de toute valeur scientifique, des Germain Sée, des Lombroso, et *tutti quanti*[2] ».

Cette précaution prise, vous ajoutez : « Avec Charcot et la plupart des neurologues, Pilcz reconnaît l'extrême fréquence de la neurasthénie chez les juifs. Il cite les mémoires et les livres de Schüle, Kræpelin, Kirchhoff, Krafft-Ebing, Hirschl, Beadles, Savage, Mickle, Shutteworth, Flechter Beach, Benedikt, Kwetzmer : tous ces cliniciens ont été frappés de ce qu'offre de particulier la physiologie et la pathologie des juifs, la précocité des affections du système nerveux[3]. »

1. *Campagne nationaliste*, p. 40.
2. *Id.*, p. 142.
3. *Id.*, p. 143.

Un point, c'est tout. Voilà l'unique fondement scientifique que, dans votre livre, vous daignez donner à l'ethnicisme nationaliste et antisémite. M. Drumont avait fait mieux. Il est vrai que M. Drumont n'est pas un savant, ce qui lui permet de prendre avec la science des libertés qui vous sont interdites. Après lui, vous jouez de la névrose des juifs. Comme, après lui, vous cherchez dans les à-côté anecdotiques, vrais ou faux, et sans crainte du ridicule, tout ce qui peut servir votre préjugé.

N'est-ce pas, en effet, vous subordonner à M. Drumont, vous rabaisser au plan mental d'un rédacteur de son journal, que de vous laisser aller à tracer des lignes comme celles-ci :

« Des millions de Français ne se sont pas encore aperçus du nez de tapir de l'ignoble juive qui, sur les nouveaux timbres-poste, en son giron obscène, porte les Tables de de la Loi, je veux dire la *Déclaration des Droits de l'Homme*[1] ! »

Mais laissons là le nez des juifs et revenons à leur pathologie. Je n'ai garde de contester la neurasthénie juive, pas plus que celle des

1. *Campagne nationaliste*, p. 173.

Habsbourg des Wittelsbach, de toutes les trop vieilles familles épuisées par les mariages consanguins. Les familles régnantes d'Autriche et de Bavière ne sont pas juives : comptez les névropathes et les aliénés qu'elles ont donnés dans ces cinquante dernières années.

Heureusement, la noblesse française a trouvé le remède à la névrose juive, en mêlant son sang bleu au sang des petites filles de la gracieuse Rébecca. Et bientôt resteront seules en proie à cette névrose les pauvres petites juives dont la maman n'a pas été assez riche pour acheter un mari dans le haras nobiliaire. N'ayez crainte : notre aristocratie française n'est pas assez antique, et trop de robustes valets en ont renouvelé le sang, pour qu'elle risque d'ajouter à la névrose juive la névrose des races épuisées.

Si, quittant le terrain physiologique, où vous n'avez fait que poser le pied — le pied des autres — vous abordez le terrain moral, vous êtes amené à constater « qu'il n'y a point d'alcooliques chez les juifs[1] ». Allez-vous leur en faire un mérite, vous qui, à dix endroits de votre livre, montrez de si véhé-

1. *Campagne nationaliste*, p. 144.

mentes indignations contre ce fléau des sociétés modernes?

Non. Vous ajoutez, en mettant à votre opinion la sourdine du conditionnel : « Renan y trouverait la preuve que les sémites ne sont pas idéalistes[1]. » Alors, vous, Monsieur, qui poussez la frugalité jusqu'à l'ascétisme, moi, qui ne bois que de l'eau et du lait, nous sommes moins idéalistes que les brutes qui hoquettent des refrains de café-concert! Renan a bon dos, vraiment!

Et tout cela, pour amener ceci :

« La détaxe des droits d'octroi des boissons fermentées doit être un stratagème juif. L'aryen, avec sa naïve stupidité d'éternel enfant, n'avait garde de refuser de pareils dons, d'où qu'ils vinssent. Israël a déjà pu ainsi transformer en ivrognes les troupeaux socialistes et collectivistes de la Porcherie contemporaine[2]. »

Pour parler ainsi, il faut ignorer profondément les actes les plus publics et les plus évidents de ce parti socialiste qui vous est aussi inconnu que les détails de l'affaire Dreyfus. Je vous ai dit plus haut, Monsieur, comment un député socialiste avait préféré

1. *Campagne nationaliste*, p. 144.
2. *Id.*, p. 145.

la santé de ses électeurs à sa réélection. Ce député, en votant l'augmentation des droits sur l'alcool, n'avait pas été seulement fidèle à sa conscience, aux principes de la moralité générale : il avait encore obéi au vœu formellement exprimé par le parti auquel il appartient.

Oui, Monsieur, « les troupeaux socialistes et collectivistes de la porcherie contemporaine » ont poussé l'absence d'idéalisme jusqu'à voter, à l'unanimité des 662 délégués représentant environ quatorze cents groupes socialistes, l'ordre du jour que voici :

« Le Congrès, considérant que l'alcoolisme est un des plus puissants facteurs de l'asservissement moral et économique du prolétariat, émet le vœu que les militants socialistes le combattent de toutes leurs forces, en attendant qu'un prochain congrès prenne contre ce fléau des dispositions d'ensemble[1]. »

Me faut-il aussi vous apprendre, Monsieur, que les socialistes belges proscrivent l'alcool de leurs Maisons du Peuple et de leurs coopératives, et ajouter que je connais quelques-unes de nos coopératives parisiennes, notamment

1. *Compte rendu sténographique officiel du Congrès général des organisations socialistes françaises, tenu à Paris du 3 au 8 décembre* 1899, pp. 234-282.

dans les XIIIe et XVe arrondissements, qui ont suivi cet exemple salutaire? Puisque le nationalisme existe à l'état de parti, où sont ses actes dans ce sens, qui est celui de la santé et de la moralité publiques? Vous ne pourriez pas en citer un seul.

Mais que dis-je ! Vous pourriez, bien au contraire, me citer les « absinthes d'honneur » que l'antisémitisme algérien offre solennellement à ses chefs MM. Drumont, Max Régis, etc., dans les grandes circonstances. N'est-ce pas, d'ailleurs, ce parti qui, très chrétiennement, a baptisé une marque de poison : « l'Absinthe anti-juive » ! Les vrais Français, puisque qu'hélas ! l'absinthisme est une tare nationale, ne nationalisent ni n'antisémitisent ainsi leur vices. Et, lorsqu'ils cèdent à leur funeste penchant pour cet hallucinant alcool, ils avouent, avec une ironie poignante, qu'ils prennent « une correspondance pour Charenton ».

Je puis et je dois ajouter, car j'ai pris une part assez active à cette loi des boissons que vous incriminez et contre laquelle ont voté tous les amis de la distillerie nationale, empoisonneurs jurés et patentés, bons catholiques romains, je puis ajouter qu'elle a fait baisser les recettes du Trésor précisément parce qu'elle a diminué la consommation de l'alcool en France. Et si, malgré mes efforts répétés, le privilège des bouilleurs de cru, ces autres empoisonneurs, a été maintenu, je vous assure que les juifs y sont bien étrangers.

Il est même piquant de constater que l'unique enfant d'Israël qui siège à la Chambre — oh! ces envahisseurs juifs! — a voté avec moi contre le privilège des bouilleurs de cru. J'ajoute qu'avec les bons catholiques romains, il a voté en faveur des distillateurs, contre l'augmentation des droits sur l'alcool.

Ai-je besoin de vous dire après cela que ce député juif ne représentait, dans l'occurrence, ni le socialisme ni le sémitisme, mais simplement ses électeurs, qui veulent de l'eau-de-vie de grains et de pommes de terre à bon marché, et repoussent la concurrence déloyale des bouilleurs de cru, parce qu'ils sont producteurs en même temps que consommateurs.

Puisque vous avez bien voulu reconnaître au juif cette vertu qu'il échappe à l'alcoolisme, vous pouviez pousser un peu plus loin l'étude de ses caractères moraux. Vous auriez tiré argument de la moindre criminalité des juifs, constatée par les statistiques du ministère de la justice, pour essayer de nous prouver que, nos juges étant vendus aux juifs, les méfaits de ceux-ci échappent aux tribunaux, conséquemment à la statistique. Vous auriez pu aussi faire état du bon rang que les petits juifs occupent dans la statistique de l'enseignement primaire — en Algérie, le contingent scolaire juif est de 29 0/0 et le contingent non-juif de 14 seulement — pour affirmer que le juif recherche l'instruction afin de duper et de voler plus facilement ce grand niais d'aryen.

Vous auriez même pu attribuer aux juifs des qualités et des vertus qu'ils n'ont point, ou n'ont pas à un degré supérieur aux aryens, et nous démontrer doctement que toutes ces qualités sont des défauts, puisqu'elles sont juives, que ces vertus sont des vices, puisqu'elles ne sont pas aryennes. Il ne vous fût plus resté à faire que l'opération inverse : prendre tous nos vices, toutes nos tares, toutes nos imperfections morales, et les ériger en nobles vertus aryennes.

Excusez-moi si je plaisante, Monsieur; c'est pour ne pas me laisser aller à l'indignation...

XV

LE PRÉTEXTE DARWINIEN

Si le terrain ethnique s'effondre ainsi quand on veut construire sur lui une philosophie du nationalisme, n'est-ce pas la preuve que le nationalisme est un pur artifice politique et social ! Il ne faut pas beaucoup vous presser, Monsieur, pour en obtenir de vous l'aveu répété. Quand vous dites : « Il ne s'agit pas de vaincre, mais de combattre », vous nous montrez assez que la grandeur de la nationalité française vous importe peu, et que vous la préférez contractée, réduite dans d'étroites mais très hautes frontières, à l'intérieur desquelles de solides cadres sociaux enfermeront, emprisonneront tous les citoyens.

La nationalité n'est pour vous qu'un moyen d'assurer la conservation sociale, de comprimer les expansions individualistes et socialistes — pour moi, c'est tout un — suscitées par la Révolution française. Semblable aux émigrés de 1814, vous aimez mieux une petite France, où régneraient toutes les erreurs et toutes les terreurs, qu'une grande France appelant à la Révolution les peuples du monde civilisé et l'organisant chez elle.

Si telle n'était pas votre pensée, que signifieraient des phrases comme celles-ci :

« Puissent les vieilles guerres, toujours entretenues comme le feu sous la cendre, éclater enfin en flammes, en incendies, car tout vaut mieux, la mort même, pour un peuple de notre race, pour une nation de Celtes, entre toutes élue, que l'avènement d'un régime d'anarchie internationale, que le règne des instincts de la brute repue et obtuse, fermée à tout idéal et même à toute idée.

« Quelles désillusions si l'orage passait sans éclater ! Nous aurions vécu en vain ; car la science, l'art et l'industrie ne sont que vanité au regard des revanches sanglantes de l'idéal guerrier et religieux de notre race[1]. »

Mais vous tenez à justifier votre conservatisme, et à le colorer de science. Comment le pourrez-vous, après nous avoir dit que la guerre « est un noble jeu d'aryens ? » Com-

1. *Campagne nationaliste*, p. 216.

ment le pourrez-vous après le péan d'exaltation mystique de la guerre et du guerrier que vous poussez en ces termes : « La guerre apparaît alors comme la plus haute école des héroïques vertus, le renoncement et le sacrifice;... les Ordres monastiques eux-mêmes, et les plus sublimes de la chrétienté, les Ordres de Saint-Dominique et de Saint-François d'Assise, n'ont pas donné au monde plus de héros que les Ordres de la Chevalerie;... l'auréole même d'un saint pâlit dans la claire lueur des épées[1] ! »

Après avoir paraphrasé de Moltke, ce féodal, dans le style du Père Didon, ce théocrate, comment allez-vous reprendre pied sur le solide terrain des Héraclite et des Darwin? Qu'un Moltke, qu'un Didon, emprunte à la science ses théories biologiques de la lutte pour l'existence — tel un barbare qui s'arme d'un fusil à répétition pour faire la chasse aux esclaves — cela se comprend. Mais vous, Monsieur, qui refusez de mêler les choses de foi, qui sont de sentiment, aux choses de science, qui sont d'observation et d'expérience, cette ressource vous est interdite d'invoquer à la fois le sentiment et la

1. *Campagne nationaliste*, p. 197.

science, et de nous prouver l'un par l'autre.

Quand Moltke lance sa fameuse invocation à la guerre et qu'il la colore de darwinisme, on sent qu'il n'entend pas s'intéresser à la « survie des plus aptes », mais seulement conserver pour son pays les proies que son épée lui a conquises. Quand le Père Didon parle de « brandir le glaive », ce n'est pas pour concilier Sabaoth, dieu des armées, et l'Évolution, mère des Plus Forts, mais pour rendre à l'Église, dont il est, une puissance qu'elle regrette.

Mais oublions un instant vos élans mystiques, et, puisque vous voulez bien vous appuyer sur des opinions scientifiques, voyons de quelle manière vous le faites.

« La guerre, dites-vous, est l'état naturel de tout ce qui vit. Tout naît de la guerre, disait Héraclite d'Éphèse : la guerre est le roi et le père de tout ce qui existe; elle est le Droit, étant la Force ; elle est l'ordre du monde... De la guerre sortirait le salut de la France[1]. » Et, parlant de « quelques lettrés » et des « hommes politiques français dont l'esprit a été faussé par les sophismes de la Déclaration des Droits de l'Homme et du

1. *Campagne nationaliste*, p. 199.

Citoyen », vous dites : « Il leur faudrait un peu de l'intelligence théorique et pratique d'un Aristote, d'un Darwin, d'un Bismarck spéculant sur les races et les espèces. Aucun jardinier, aucun éleveur, aucun berger, voire aucun chien de berger, ne raisonneraient ainsi : ils n'ont cure, il est vrai, des immortels principes de la Révolution française et ne s'embarrassent point de la Déclaration des Droits de l'Homme[1]. »

Donc, pour vous, la guerre est un moyen de sélection humaine. C'est même parce que vous la considérez ainsi que vous protestez contre la guerre aux Chinois, aux Malgaches, aux nègres du Soudan, etc. « Il n'y a, dites-vous, de batailles loyales que celles qui mettent aux prises des frères[2]. »

Eh ! Monsieur, si la guerre est un principe de vie par l'exaltation des plus nobles facultés de l'homme et surtout par sa fin, qui est l'extermination des faibles, au nom même de votre nationalisme, cessez de nous inciter à faire profiter du bienfait de la guerre nos frères allemands, anglais ou italiens.

Charité bien ordonnée commence par soi-même. Pour nous sélectionner, il n'est pas

1. *Campagne nationaliste*, p. 124.
2. *Id.*, p. 197.

besoin de sélectionner nos voisins en leur déclarant la guerre. Déclarons-la-nous à nous-mêmes. Exterminons nos faibles à nous, chez nous, de nos propres mains, et n'employons pas les plus forts Allemands, Anglais ou Italiens à tuer nos plus faibles Français, et, réciproquement, nos plus forts Français à débarrasser les Allemands, les Anglais et les Italiens de leurs plus faibles.

Chacun pour soi, chacun chez soi, voilà le bon nationalisme. C'est la devise même du darwinisme social, et aussi de ce nationalisme économique qu'on appelle le protectionnisme. En bons nationalistes, exterminons d'abord nos moins aptes, et nous verrons ensuite à débarrasser nos frères européens des leurs.

La guerre a été un moyen de sélection humaine. Qui le nie! La peste et la famine aussi. La peste et la famine sont en train de disparaître, et l'espèce humaine n'en est pas pour cela déprimée ni abâtardie. Dans les milieux d'où ces fléaux ont disparu, on voit l'accord des individus pour la lutte contre les forces naturelles et pour l'utilisation de ces forces se substituer à la lutte entre individus également asservis à ces forces dont ils ignoraient les moyens de s'y soustraire ou de les utiliser.

Après avoir substitué aux tribus impénétrables les unes aux autres, incommunicables, des nations telles que nous les voyons constituées, la guerre a fait son œuvre, à moins qu'on ne lui assigne comme but ultime la conquête universelle par les armes d'un peuple plus fort que tous les autres, c'est-à-dire l'unité universelle, dans laquelle — frémissez, Monsieur ! — seraient forcément compris les juifs.

Mais non, vous sentez l'impossibilité d'assigner désormais ce magnifique rôle romain à la guerre. Vous ne lui donnez pas pour but la création d'une unité mondiale substituée à la diversité nationale, et il n'entre pas dans vos intentions d'aboutir par la force à l'internationalisme que rêvent les socialistes, ou plutôt au cosmopolitisme. Vous voulez simplement en faire l'instrument de diversion des riches contre la revendication des pauvres, des parasites sociaux contre les laborieux, des féodaux contre les industriels, des théocrates contre les démocrates, des violents contre les pacifiques.

Laissez donc de côté les théories scientifiques de Darwin sur les espèces animales. Elles n'ont rien à voir dans le perfectionnement des sociétés humaines. Elles peuvent bien en constituer le fondement solide, mais il s'y ajoute autre chose, que la Déclaration des Droits de l'Homme a peut-être mal expliqué, mais qu'elle a tout de même exprimé ; et ce quelque chose, ils le sentent et le réalisent d'instinct, ceux qui résolvent la lutte en association et, du fils de tel tuberculeux que votre darwinisme mécanique eût tué, travaillent à faire un génie dont s'enrichiront les arts, les lettres ou les sciences.

La survie des plus aptes par la guerre, vous savez bien que le professeur Haeckel l'a condamnée dans son mémorable chapitre sur la sélection à rebours produite par le militarisme. Quoi ! lorsque l'état de paix armée aura enfermé dans le célibat et exposé à la syphilis des casernes les jeunes gens les plus robustes, lorsqu'une prime aura ainsi été donnée au mariage des infirmes refusés par le conseil de revision, vous croirez avoir fortifié l'espèce ! Quoi ! lorsque la guerre aura fauché la fleur d'une génération, et que tous nos bossus, scrofuleux, phtisiques seront devenus les uniques procréateurs nationaux, vous aurez servi la race !

Comment avez-vous pu oublier ce que dit Haeckel du « soldatisme moderne », par lequel « les principes profonds du vrai bien-être du peuple et de l'élévation humaine sont méprisés ». Comment ne vous écriez-vous pas avec lui, avec tous ceux qui ne font pas de la science la serve de ses propres ennemis, que « nos descendants rougiront de honte[1] » d'une telle aberration !

1. *Histoire de la création naturelle*, p. 153.

XVI

LE NATIONALISME LITTÉRAIRE

Votre nationalisme, votre traditionnalisme, votre ethnicisme, votre horreur de la démocratie moderne, votre soin de laisser au prêtre le gouvernement du monde moral en interdisant à la science le domaine de ce que vous appelez, après Auguste Comte, Spencer et les positivistes, « l'inconnaissable », — tout cela s'est traduit en littérature et répandu parmi ceux qui cherchaient à fortifier d'un appareil scientifique et à masquer de beauté verbale leur horreur de toute nouveauté, de tout mouvement, de tout effort. Vous avez, Monsieur, vous et vos disciples littéraires, MM. Paul Bourget et Maurice Barrès, rendu courage à la lâcheté mentale de nos parasites sociaux.

Qu'on lise les *Déracinés*, de M. Maurice Barrès, et l'on y retrouvera toutes vos thèses favorites. Son nationalisme est un provincialisme ethnique exaspéré, et pourtant quel esprit est plus cosmopolite que le sien !

« En sa qualité de nationaliste fougueux, dit quelque part M. Octave Mirbeau, il s'est efforcé de faire apprécier, en France, les paysages italiens, la philosophie allemande et la mystique espagnole. Grenade, Venise, Goethe, Hegel et Loyola, voilà son véritable apport aux lettres... lorraines. Toutefois, il écrit en français et fort bien. »

La morale kantienne n'empêche pas les jeunes Lorrains de Barrès, déracinés et transplantés, de devenir des arrivistes, les uns corrects parce qu'ils ont de l'argent, les autres ignoblement scélérats parce qu'ils sont pauvres. Eussent-ils reçu la morale du catéchisme et fussent-ils demeurés plantés dans la terre lorraine, ils n'en seraient pas devenus meilleurs. Ceux qui avaient des rentes se fussent faits chefs d'industrie et eussent exploité férocement leurs ouvriers. Ceux qui n'en avaient pas eussent tout simplement commis des crimes que le code punit.

Les grandes villes, les villes tentaculaires dévorent et dévoient des énergies, soit. Il y a plus de criminels et de non-valeurs dans les vastes cités modernes que dans les groupes ethniques où végète une humanité inerte.

Mais elle est inerte pour le bien comme pour le mal. Et je ne sais pas si ses crimes sournois et obscurs ne sont pas plus scélérats que le banditisme, légal ou non, de nos bien classés ou déclassés des cités.

En tout cas, dans les cités qui produisent ces bandits, on voit fleurir des héroïsmes et des beautés, se développer des forces, s'enrichir des sciences, se former une morale supérieure, s'éveiller un sens critique général, s'élaborer la science de l'homme et des choses. Ne pas faire ce bilan, c'est avouer une secrète préférence pour l'inertie et l'atonie des foules que paît le bon — ou le mauvais — tyran.

M. Paul Bourget, qui, avec le *Disciple*, avait déjà tenté de nous effrayer sur les conséquences de l'éducation athée, revient à la charge dans l'*Étape*, où l'on retrouve, avec moins de personnalité modificatrice que chez M. Barrès, toutes vos théories favorites. Il les exprime servilement, en bon élève, pourrais-je dire, en trop bon élève, qui ne se permettrait pas de digérer la pâtée intellectuelle dont on l'a bourré et qui la remâche avec une conscience touchante, mais comique.

Chez lui, le nationalisme s'exprime en provincialisme, mais sans se motiver aussi fortement que chez M. Barrès. Pour celui-ci, en effet, le provincialisme apparaît souvent comme une protestation contre l'anémiation des extrémités nationales et la congestion du centre. Il y a de la justesse dans cette protestation, et l'on excuse M. Barrès de n'avoir pas aperçu qu'il fallait qu'il en fût d'abord ainsi : le déracinement universel arrache à la vie végétative d'inertes populations qui viennent s'entasser au centre, prendre contact les unes avec les autres, perdre ainsi les préjugés qui les isolaient les unes des autres et acquérir les qualités qui les rendront solidaires.

Mais ce que M. Barrès n'a pas vu, faute d'avoir quelque peu pratiqué l'économie sociale, c'est que ce mouvement n'est que le premier temps d'un mouvement beaucoup plus vaste et général. Ici encore, le caractère que j'ai signalé naguère dans le mouvement humain apparaît nettement. Nous nous développons collectivement non sur un plan rectiligne, non en éventail, et chaque cycle nouveau nous fait passer dans une direction autrefois suivie, mais non plus sur la même ligne. Nous nous développons en spirale, n'en déplaise à ceux qui veulent nous enfermer dans le cercle mystique ou matérialiste.

La surpopulation actuelle des grands centres de civilisation n'est qu'un moment de l'histoire sociale ; ce moment en précède inévitablement un autre, que nous commençons à apercevoir, et qui dispersera sur tous les points utilisables du globe les intelligences et les activités. Oui, Monsieur, nous redevenons les nomades que nous fûmes, il y a quarante siècles.

La première étape de cette mobilisation humaine, c'est la marche aux grandes villes, aux foyers de civilisation et de solidarité. Et cette étape dépassait trop l'entendement de M. Paul Bourget pour que cet écrivain agréable pût seulement en avoir conscience. L'huître qu'on arrache à son rocher ne sait pas non plus qu'elle voyagera en chemin de fer et se trouvera dans une luxueuse salle à manger en tête à tête avec M. Paul Bourget. Et c'est parce qu'elle ne sait pas tout cela qu'elle est mangée.

Nous redevenons des nomades. Voilà le fait contre lequel ne prévaudront pas tous les nationalismes et tous les provincialismes du monde. Des cadres nouveaux répondent à cette formation nouvelle de l'humanité se répartissant volontairement sur son domaine.

« L'esprit provincial a disparu sans retour,

constate M. Durkheim ; le patriotisme de clocher est devenu un archaïsme que l'on ne peut pas restaurer à volonté... Il s'est produit ainsi comme un affaissement spontané de la vieille structure sociale. Or, il n'est pas possible que cette organisation interne disparaisse sans que rien ne la remplace. Une société composée d'une poussière infinie d'individus inorganisés, qu'un État hypertrophié s'efforce d'enserrer et de retenir, constitue une véritable monstruosité sociologique... Une nation ne peut se maintenir que si, entre l'État et les particuliers, s'intercale toute une série de groupes secondaires qui soient assez proches des individus pour les attirer fortement dans leur sphère d'action et les entraîner ainsi dans le torrent général de la vie sociale... Si, donc, le problème de la corporation n'est pas le seul qui s'impose à l'attention publique, il n'en est certainement pas qui soit plus urgent ; car les autres ne pourront être abordés que quand il sera résolu. Aucune modification un peu importante ne pourra être introduite dans l'ordre juridique, si l'on ne commence par créer l'organe nécessaire à l'institution du droit nouveau[1]. »

1. *De la division du travail social*, préface de la deuxième édition, pp. XXXII à XXXVI.

Voilà la vérité : aux petites associations ethniques, la division du travail substitue irrésistiblement des associations économiques : sociétés anonymes pour ceux qui possèdent, syndicats pour ceux qui ne possèdent pas, coopératives pour ceux qui veulent posséder, assurances et mutualités pour ceux qui veulent soustraire l'individu au hasard et répartir risques et pertes sur la collectivité. Ainsi se forment de nouveaux cadres sociaux, et ils n'ont pu se former que parce que la Révolution française a brisé les anciens, donné à l'individu conscience de sa valeur propre et développé en lui le double sens de l'initiative et de la solidarité volontaire.

De même que vous prétendez délimiter le domaine de la science et de la foi, M. Paul Bourget prétend donner à la foi tout le domaine que vous dérobez à la science. Comme vous, il cite le professeur Grasset, de Montpellier; comme vous, il le qualifie de « grand chrétien », et le loue d'avoir « distingué les certitudes du laboratoire et celles de l'oratoire ».

Vous aimez et admirez le professeur Grasset. Au risque d'affaiblir vos sentiments à son égard, il me faut pourtant bien vous dire, en passant, qu'il ne donne pas comme vous dans la dévotion à la force armée. Dans un article qu'il consacre à Corneille Agrippa, il critique le militarisme et loue le célèbre occultiste d'avoir écrit que « toute ceste discipline n'est occupée en autre chose, sinon en la ruine et destruction du genre humain, et n'est son but et sa fin sinon de former et façonner des renommés destructeurs du monde, vaillants et braves meurtriers, et, en somme, de transformer les hommes en mœurs et façons de bestes cruelles et sauvages[1] ».

Les savants ne sont pas tous des philosophes, et, souvent, quand ils philosophent, ils tombent dans les travers que je vous ai signalés plus haut : ou bien ils construisent leur philosophie sur leur spécialité scientifique, ou bien ils cherchent un accord entre leur science et leur foi, ou bien encore ils établissent, comme vous, une cloison étanche entre la science et la foi ; mais, par malheur, c'est à la foi qu'ils abandonnent la meilleure part et qu'ils laissent le gouvernement du monde moral. Écoutez, Monsieur, la belle réponse que fait à ces savants un savant qui

1. *L'Evolution médicale*, 1er mai 1902.

tire son idéalisme philosophique de l'ensemble des sciences et de leur mouvement simultané et solidaire :

« A mesure, dit M. Berthelot, que les liens qui unissent les peuples sont multipliés et resserrés davantage par les progrès de la science et par l'unité des doctrines et des préceptes qu'elle déduit des faits constatés et qu'elle impose, sans violence et cependant d'une façon inéluctable, à toutes les convictions, ces notions ont pris une importance croissante et de plus en plus irrésistible; elles tendent à devenir les bases purement humanitaires de la morale et de la politique de l'avenir...

« Ce n'est pas tout : élevons-nous à un ordre d'idées plus hautes et plus fécondes. De la connaissance plus profonde de l'univers et de la constitution physique et morale de l'homme résulte une nouvelle conception de la destinée humaine, dirigée par les notions fondamentales de la solidarité universelle, entre toutes les classes et toutes les nations[1]. »

Si M. Paul Bourget n'était pas atteint de psittacisme incurable, s'il n'était pas con-

1. Discours prononcé par M. Berthelot, à la Sorbonne, à l'occasion de son jubilé scientifique, le 24 novembre 1901.

damné par cette infirmité à répéter ses affirmations avec la même servilité qu'il mit à répéter dans ses romans précédents les oiseux bavardages des damnées de l'adultère élégant, il pourrait méditer ces fortes pensées d'un savant. Son professeur clérical ne dirait plus alors à Jean Monneron des niaiseries comme celle-ci :

« Vous êtes un Français, c'est-à-dire l'héritier d'une longue lignée d'hommes et de femmes qui, pendant des siècles, ont été des catholiques. Vous vous mouvez, vous respirez dans une société imprégnée de mœurs catholiques. La langue que vous parlez, dans laquelle vous pensez, est catholique, puisqu'elle est romaine. Le catholicisme est en vous, malgré vous, dans ce que les philosophes d'aujourd'hui appelleraient votre inconscient[1]. »

La langue de Rabelais, Montaigne, Voltaire, Hugo, Renan, ces bons catholiques, est romaine. Soit, mais tire-t-elle sa beauté et sa vigueur de la basse latinité qu'on charabiate à la messe, ou du pur romanisme des Virgile et des Lucrèce, des Tacite et des Tite-Live ?

1. *L'Etape.*

Ces Monneron, de M. Paul Bourget, qui se sont permis de « brûler l'étape », c'est-à-dire de s'élever à la connaissance sans avoir pris au préalable le soin de s'enrichir, et ont commis ce qu'il appelle « l'Erreur française », d'où viennent-ils ? Du sol âpre des Cévennes, qu'ils n'eussent pas dû quitter si tôt, dont ils n'eussent pas dû se déraciner avant de s'être embourgeoisés. Ils eussent ainsi pu, en effet, prendre part aux joyeusetés dont le *Petit Méridional* nous entretenait au lendemain des élections récentes. Leur « inconscient » catholique se fût donné carrière dans l'essai de Saint-Barthélemy cévenole où l'on a vu, à Saint-Jeure d'Andaure et à Saint-Romain-le-Désert, des pénitents sur le pied de guerre ; à Rochepaule, une foule armée de coutelas et de fusils se ruant au son du tocsin et aux cris de : « Mort aux protestants ! » alternés avec des cantiques ; à Saint-Agrève, le brûlement d'une chèvre vivante personnifiant l'hérésie et d'un mannequin figurant la République. J'en passe... Ces faits sont d'avril dernier.

Il est certain qu'il vaut mieux brûler dévotement des protestants qu'une « étape ».

Voilà, Monsieur, les littérateurs que vous avez faits, et dont vous êtes responsable.

XVII

L'ÉPANOUISSEMENT DU CAPORALISME

Tandis que vous développiez la philosophie du nationalisme antisémite et que de beaux esprits transcrivaient vos théories en fictions littéraires, que se passait-il dans le pays? Comment s'exprimaient en actes vos pensées? Comment agissait pratiquement l'inconscient opposé par vous théoriquement à la raison? Comment les hommes de la tradition se défendaient-ils contre les hommes du progrès?

A la lumière de l'affaire Dreyfus, les erreurs et les défaillances de la bourgeoisie républicaine nous sont apparues. Nous avons vu s'épanouir en horreurs et en monstruosités variées tout ce qu'elle avait ménagé, dédaigné et laissé croître. Nous avons entendu M. Charles Maurras, qui lui aussi se réclame de votre enseignement, proclamer que c'est une action méritoire de fabriquer un faux pour prouver matériellement le crime d'un homme contre lequel on n'a que des présomptions morales faites de préjugés de race.

Des cris de mort ont retenti, et des émeutes ont été faites dans vingt villes de France pour conquérir au peuple, non la réalité des Droits de l'Homme, mais le droit de massacrer impunément les juifs. Ceux qui parlaient au nom de l'armée et de l'Église se sont avoués, non comme des agents de défense nationale et d'éducation morale, mais comme des forces destinées à ramener aux anciennes servitudes un peuple qui prétend être libre. Et nous avons assisté à un débordement de militarisme, de cléricalisme, en un mot, de réaction.

Le service obligatoire pour tous devait civiliser le militaire, nous l'avons vu à mesure militariser le civil, et plus souvent le subordonner au militaire. Vous rappellerai-je cette altercation entre un officier et un paysan qui travaillait dans son champ, altercation qui faillit conduire celui-ci en conseil de guerre, parce que l'officier était en service et que le paysan, de par son âge, appartenait encore à la réserve ou à la territoriale?

Pour ce qui est de la subordination du civil au militaire, le principe en est posé en ces termes par le Père Didon, à la distribution des prix du collège des dominicains d'Arcueil :

« Il faut brandir le glaive, terroriser, sévir, frapper. Il faut imposer la justice... Voilà les principes qu'il faut opposer aux excès d'une liberté folle qui s'impatiente et se révolte contre la force, malgré les prétentions du civilisme qui veut se subordonner le militaire. »

Ce discours, prononcé en août 1898 au nez du général Jamont, alors généralissime de l'armée, donne le ton. Il faut imposer le culte de la force, et tout culte a pour principe la crainte. La militarisation, qu'exprimait énergiquement l'orateur dominicain, se manifestait en beauté — je veux dire en violence — dans tout le pays, en cette année bénie.

A Niort, des soldats brutalisent des civils; un témoin, M. Guimand, proteste : on le contraint à faire « des excuses publiques devant un adjudant en tenue et deux sous-officiers ».

A Lyon, des officiers se mettent à cinq pour bâtonner un journaliste, M. Quay-Cendre : le conseil de guerre les acquitte avec félicitations.

A Oran, un sergent de la légion étrangère, et en cette qualité plus à cheval sur le patriotisme que le commun des Français, brutalise M. Hainel qui n'a pas salué le drapeau. Car vous savez que, depuis quatre ans, pas plus, le salut au drapeau est devenu obligatoire, en attendant le salut au Saint-Sacrement non moins obligatoire. M. Hainel dépose une plainte à laquelle le parquet ne donne nulle suite.

A Paris, au bal de l'Hôtel de Ville, un conseiller municipal, M. Vaudet, se fait traiter de « sale pékin » par un brave soldat de la garde républicaine qui insultait des dames dans un vocabulaire de caserne.

Je pourrais aller jusqu'à mille et plus...

C'était le beau temps où un publiciste qui s'honore d'être votre disciple, M. Charles Maurras, transformait le faux du lieutenant-colonel Henry en un méritoire et patriotique sacrifice, et demandait des « honneurs publics » pour le faussaire qui venait de se couper la gorge dans sa prison. Et les « honneurs publics » venaient à sa mémoire sous la forme d'une souscription qui permettait à sa veuve de plaider la justification, que dis-je! la glorification de « ce serviteur héroïque des grands intérêts de l'État ». Plus de cent mille francs furent recueillis en décembre 1898, et quelques-unes des souscriptions nous éclairent sur les sentiments réels du nationalisme.

Si l'on veut un annuaire assez complet de l'armée, du clergé et de la noblesse, c'est dans ces « listes rouges » qu'il faut le chercher. C'est par ces listes que s'est formé le premier recrutement du nationalisme. A les parcourir, on respire une odeur de charnier. Votre parti, Monsieur, est né dans le sang, non de son « martyr », mais de ses victimes.

Ce sang n'a pas coulé au gré des abominables désirs qu'expriment les « listes rouges », et c'est parce qu'on n'a pu assassiner que quelques juifs à Alger, poignarder et assommer qu'une demi-douzaine de républicains à Paris, et seulement blesser Labori à Rennes, que le nationalisme n'a pas encore pris toute la force que vous lui souhaitez. Les vœux des signataires des listes étaient plus vastes. Jugez-en :

« De l'or aujourd'hui ! du fer demain [1] ! » « Un lieutenant de dragons, pour le sabre, avec ou sans goupillon [2]. » « Un groupe d'officiers qui attendent impatiemment l'ordre d'essayer, sur les cent mille juifs qui empoi-

1. *Libre Parole* du 15 décembre 1898.
2. *Libre Parole* du 16 décembre 1898.

sonnent le pays, les nouveaux explosifs et les nouveaux canons. » « Un prêtre infirme qui voudrait manier l'épée aussi bien que le goupillon. » « Un militaire qui attend impatiemment le chambardement[1]. » « Les vingt-deux officiers d'un régiment de dragons dont les sabres sont prêts. » « Un artilleur de Nîmes qui attend avec impatience un rapide coup d'État[2]. »

Vous savez, Monsieur, si je pourrais allonger ces citations, et vous n'ignorez pas plus que moi l'état d'âme de ces belliqueux de profession dont aucun ne plaça sa souscription sous les auspices de la revanche contre l'Allemagne. Pour tous ces militaires, l'ennemi était, est toujours, non la nation qui en 1871 nous a pris l'Alsace et la Lorraine, mais les révoltés qui en 1789 prirent au roi la Bastille et nous conquirent les Droits de l'Homme et du Citoyen.

Je vois bien sur la liste du 18 décembre : « L. P., vieux sous-officier de 1870 », mais ce n'est pas les Prussiens qu'il « mitraillerait avec plaisir » ; c'est « la bande des youpins ». Vous, pékin, rêvez de jeter notre armée sur l'armée du peuple de l'Est, ou du Nord, ou du Sud ;

1. *Libre Parole* du 17 décembre 1898.
2. *Libre Parole* du 18 décembre 1898.

eux, militaires, n'ont pas envie de s'y frotter. C'est sur des citoyens désarmés, tâche plus facile et moins périlleuse, qu'ils veulent essayer les « nouveaux explosifs et les nouveaux canons » ; ce n'est pas pour les mesurer aux sabres allemands que « sont prêts » les sabres des « vingt-deux officiers d'un régiment de dragons », mais pour hacher de la chair française et républicaine.

Les philosophes ne seront jamais aussi pratiques que les hommes d'action. Méditez, Monsieur, la leçon que vous donnèrent, en décembre 1898, les hommes d'action.

Pourquoi nos militaires iraient-ils chercher noise à leurs confrères et « camarades » d'outre-Rhin? Ceux-ci n'ont-ils pas du rôle de l'armée la même conception que ceux-là ? Si nos militaristes allaient en Allemagne, ce ne serait pas en ennemis, mais en écoliers attentifs. Et ils admireraient que là le civil est bien plus qu'ici « subordonné » au militaire. Et à l'importation de l'antisémitisme allemand succéderait l'importation du caporalisme allemand. Vraiment, alors, nous devrions trop à nos voisins et maîtres de l'Est pour que la reconnaissance n'enchaînât point nos bras à jamais.

Tout au plus pourrait-on reprocher aux

grands chefs du militarisme germanique un peu trop de modestie. Cette modestie, le professeur Quidde, dans une lettre publique au chancelier de Caprivi qui avait contesté à la tribune du Reichstag la réalité du militarisme, la relève en lui disant qu'il pouvait se rappeler « l'histoire même du Reichstag devant lequel il parlait. Par exemple, la pose de la première pierre du nouveau monument, devant la porte de Brandebourg, fête à laquelle le président du Parlement, M. de Levetzow, dut assister en uniforme d'officier de la territoriale [1] ».

Dans ce beau pays d'Allemagne, où la suprême galanterie consiste à offrir à une femme le grade de colonel d'un régiment, « on a vu un officier *qui n'avait même pas terminé ses études dans un lycée* être nommé à la tête de *l'administration de l'instruction publique* [2] ». La chose est courante en Russie. Ce pays étant moins civilisé que l'Allemagne, on y est nécessairement plus militariste. Mais on l'est suffisamment en Allemagne pour faire des honneurs et des profits militaires la récompense des plus hauts services.

1. Louis Forest, *l'Antimilitarisme en Allemagne* (Revue du 15 janvier 1901).
2. Art. cit.

C'est ainsi que, lorsque Bismarck eut conquis, comme diplomate, « sa première gloire, il sembla inconvenant que le maître du pays, après l'empereur, fût un civil. Le chancelier, ayant un an de service effectif comme soldat, devint donc général de division avec rang de maréchal. Cette nomination... apporta certains avantages au prince de Bismarck, comme par exemple celui d'échapper aux tribunaux civils[1] ».

1. Art. cit.

XVIII

MILITARISME ET MILITARISTES

Aussi l'empereur Guillaume II peut-il dire aux recrues, en décembre 1894 :

« Vous portez l'« habit de l'empereur ». Vous êtes donc maintenant devenus supérieurs aux autres hommes. »

Il peut leur tenir ce langage sans choquer personne, non parce qu'il est le maître, mais parce qu'il exprime une pensée communément acceptée. Et pourquoi le soldat est-il « supérieur aux autres hommes »?

« Parce que, dit l'empereur, lors de la bénédiction des drapeaux, le 18 mars 1898, c'est le soldat, c'est l'armée, non pas les majorités parlementaires ni les scrutins, qui ont forgé l'empire d'Allemagne. »

Ainsi a été fêté le cinquantenaire du 18 mars 1848, où un souverain Allemand s'enfuyait devant la Révolution et les Droits de l'Homme un instant victorieux.

Exprimant bien avant eux la pensée maîtresse des signataires des « listes rouges », c'est le même Guillaume qui disait, le 23 novembre 1892, aux recrues de Potsdam assemblées pour la prestation du serment :

« Le soldat doit obéir sans restriction et même si les ordres militaires commandent de tirer *sur les parents et les frères.* »

Comme l'empereur allemand va jusqu'aux parents et aux frères, j'espère que les nationalistes français qui suivront son mot d'ordre n'épargneront pas les beaux-parents et les beaux-frères juifs de notre brillante et besoigneuse noblesse. Cela ouvrira toujours quelques successions.

Il est de nombreux soldats français qui pensent que l'armée est destinée uniquement à la défense du pays, et que sa discipline ne doit pas être l'abêtissement et l'asservissement du soldat, devenu un automate dans la main de ses chefs. Mais, en cette sombre période qui va de janvier 1898 à juin 1899, il ne s'en est guère trouvé qu'un seul pour dire tout haut ce qu'avaient dit et répété naguère les Foy, les Faidherbe, les Chanzy, les Denfert et les Labordère. Parlant des défaillances et des capitulations des chefs en 1870, le général Derrécagaix a raffermi bien des consciences vacillantes :

« Dans les circonstances critiques où le devoir semble obscur, s'est-il écrié, il faut consulter sa conscience et lui obéir[1]. »

La conscience! allez-vous dire. Le voilà bien, ce détestable sophisme créé par l'individualisme révolutionnaire. Pour vous, en effet, la conscience des vivants est murée dans les tombeaux que recouvre « la Terre des Morts ». La conscience, c'est la tradition, la soumission, la conformité à ce qui fut. C'est le mort qui saisit le vif et l'empêche de vivre.

La conscience, telle que vous la concevez, elle est toute dans une décision fulminée par le colonel du 145e de ligne contre le conseil de discipline de ce régiment, qui avait acquitté un jeune soldat accusé d'une faute légère. Lisez ce document, Monsieur, et dites-moi ce que devient, dans l'âme d'un militaire vraiment militariste, la forme la plus haute de la conscience, la conscience du juge :

« Le colonel *ne peut s'expliquer la décision prise* par le conseil de discipline du détachement de Montmédy, dans l'affaire du soldat Vandenbosse, qui est un détestable sujet

1. Discours prononcé à la distribution des prix du collège de Bayonne, juillet 1898.

à tous les points de vue, et dont les nombreuses et graves punitions attestent l'incorrigibilité.

« *Le vote des trois membres du conseil semblerait indiquer de leur part* UN ESPRIT D'OPPOSITION QUE LE CHEF DE CORPS NE SAURAIT TOLÉRER et — sans vouloir en rien peser sur la conscience de ses subordonnés — LE COLONEL EST ABSOLUMENT DÉCIDÉ A FAIRE, AU BESOIN, PAR SA MANIÈRE D'ÊTRE A LEUR ÉGARD, SUPPORTER A QUI DE DROIT LES CONSÉQUENCES d'une conduite qui semblerait vouloir se mettre en opposition avec les décisions certainement impartiales et raisonnées du commandant du détachement.

« LES OFFICIERS INTÉRESSÉS VOUDRONT BIEN SE LE TENIR POUR DIT UNE FOIS POUR TOUTES[1]. »

La conscience du juge militaire, de la condamnation du duc d'Enghien à celle des ministres et parents de la reine de Madagascar, c'est l'obéissance aux « ordres supérieurs ». Lisez ce qu'a écrit un témoin, M. Jean Carol, dans son livre si documenté : *Chez les Hovas*, et veuillez ne pas oublier que M. Jean Carol, qui était en 1897, au moment où fut commis le crime juridique qu'il dénonce, directeur

1. Ce rapport est du 23 juillet 1898

du *Journal officiel* de Madagascar, attend encore qu'on démente les affirmations que voici :

« L'arrestation des prévenus, dit-il, eut lieu le dimanche 11 octobre, à quatre heures du soir.

« Le lundi matin 12, le directeur du *Journal officiel* reçut des mains d'un officier d'état-major la copie en deux textes (français et malgache) du communiqué et de la proclamation qui devaient être insérés au prochain numéro de l'*Officiel*. Cette copie relatait : l'arrestation qui avait eu lieu la veille, le jugement du conseil de guerre qui allait siéger, le pourvoi en grâce que les deux condamnés formeraient le lendemain, le rejet du pourvoi par le conseil de revision à la date du 14 et la mise à mort du jeudi 15.

« Avec les pauvres ressources dont disposait alors l'imprimerie du gouvernement, un numéro du *Journal officiel* ne pouvait pas s'improviser à la dernière heure. Le directeur en fit l'observation à l'envoyé de l'état-major, et lui représenta le danger qu'il y aurait à mettre dans les mains des typographes de l'imprimerie, tous Malgaches, un « modèle » dont la seule lecture infirmait toute l'autorité morale du jugement et toutes les idées qu'on se faisait là-bas de notre justice. — Vous leur confierez ce texte le plus tard possible; avant tout, le général tient à ce que la chose paraisse dans l'*Officiel* de vendredi, déclara l'officier. »

Mais tous les militaristes ne sont pas militaires. On a même pu appeler le parti qu'ils forment sous votre haute direction spirituelle « le parti des dispensés ». Et, naturellement, ceux qui estiment l'obéissance comme la plus haute vertu, puisqu'elle fait partie de leurs trois vœux, sont, à la fois, le plus militaristes et se soustraient avec le plus d'empressement au devoir militaire.

C'est donc bien des esprits qu'on veut plier à l'obéissance et non des bras qu'on veut préparer pour la défense. Sans cela, lirait-on, dans le « Courrier militaire » de la *Croix*, des consultations comme celle-ci :

« P. les L. — Quand l'aîné ne fait qu'un an comme dispensé, le cadet fait, lui, trois ans. Je comprends vos rancœurs, mais la loi est formelle. »

Ce sont bien les mêmes qui, au moment où j'écris, tentent de faire prévaloir au Sénat le système des dispenses, des exemptions et de l'armée professionnelle. On compte au-delà de la douzaine, à la Chambre, dans le parti de la conservation sociale et du nationalisme, les anciens officiers. Et, parmi ces messieurs, ce ne sont pas les retraités ou les réformés qui sont les plus nombreux, mais les démissionnaires.

Contradiction des contradictions! Ces antiparlementaires quittent l'armée pour le Parlement. Ces militaristes préfèrent la vie civile à la vie militaire. Et c'est au nom de l'armée qu'ils parlent, en son nom qu'ils manifestent, en son nom qu'ils légifèrent. Quand ils daignaient en faire partie, ils n'y portaient pas le sac — je l'ai porté, Monsieur, mon père aussi, et mon aïeul fut des « Marie-Louise » de 1814 — mais le faisaient porter aux autres sous la menace et sous l'injure.

Suffisamment pliés à l'obéissance par l'observation du principal des trois vœux monastiques, les gens d'Église ne tiennent pas à « brandir » eux-mêmes « le glaive ». Il leur suffit qu'il soit tenu par des gens à eux. Lisons ensemble, pour notre commune édification, cet extrait du *Propagateur de la dévotion à saint Joseph*, dont je regrette de ne pouvoir vous donner la date qu'approximativement. Vous en retrouverez le numéro dans la collection de l'année 1898. C'est une lettre adressée à un « monsieur le comte » quelconque et qui est ainsi conçue :

« Sur une des dernières livraisons du *Propagateur*, a paru un fait rapportant les faveurs spéciales que saint Joseph a répandues sur un séminariste qui, grâce à lui, est sous-diacre et n'a pas à craindre les dangers de la caserne. Aujourd'hui, nous sommes deux séminaristes qui venons rendre publiquement grâces à saint Joseph de sa protection insigne sur nous. Pendant tout le mois de mars, nous nous sommes réunis tous les soirs au pied de l'autel de saint Joseph et nous avons demandé à ce grand saint, l'un pour l'autre, L'EXEMPTION DU SERVICE MILITAIRE, car nous devions passer le conseil de revision sous peu de jours. Nous avons supplié saint Joseph en lui disant que, si véritablement Dieu veut nous avoir pour prêtres, il faut qu'il nous préserve DE LA CORRUPTION DE LA CASERNE...

« ... Il nous faut être, *préservés de la caserne*, CET AMAS DE CORRUPTION ET D'IMMONDICES, afin que nous soyons assez purs pour nous approcher du Dieu de l'Eucharistie... Nous avons eu confiance ; nous avons été exaucés. Merci mille fois, saint Joseph ! Deux séminaristes, deux prêtres, vous remercieront sans cesse du *grand bienfait* que vous leur avez accordé : de les avoir soustraits au danger de la caserne, *bien que nous eussions des chances d'être pris* pour le service militaire, surtout l'un de nous, qui a été sauvé d'une manière étonnante », etc...

Est-ce seulement les militaristes du clergé qui expriment publiquement leur répugnance à l'égard des conditions nécessaires du militarisme et ne veulent de la caserne que pour les autres? Écoutez le nationaliste Barrès, écoutez l'antisémite Drumont.

Barrès dit, parlant de ses jeunes Lorrains déracinés : « Le service militaire devrait être une école de morale sociale ; on sait ce qu'il est par manque de sous-officiers. Les jeunes Lorrains n'en rapportèrent que des notions sur la débauche et l'ivrognerie ; rien qui pût se substituer à l'influence de Bouteiller[1]. »

Quand j'ai cité ce passage à la Chambre[2], non dans le but de demander des poursuites contre Barrès pour injures à l'armée, mais afin de les éviter à Urbain Gohier, M. Déroulède s'est écrié au hasard :

« Ce passage est extrait d'un roman et placé dans la bouche d'un personnage de roman. »

Barrès, lui, dans un article[3], me reprocha

1. *Les Déracinés*, p. 57.
2. Séance du 14 novembre 1898.
3. *Le Journal*, numéro du 17 novembre 1898.

d'avoir dit « n'en rapportent » au lieu de « n'en rapportèrent » et d'avoir omis le membre de phrase : « par manque de sous-officiers ». Mais il garda pour siennes les réflexions qu'il n'avait pas mises dans la bouche d'un de ses personnages, comme le prétendait M. Déroulède, et qui émanaient bien de l'auteur. J'eusse néanmoins fait amende honorable à Barrès si j'avais pu attacher la moindre valeur à l'omission de ce membre de phrase : « par manque de sous-officiers ».

Quand Barrès aura reconnu que les sous-officiers manquent encore plus en qualité qu'en quantité, je lui ferai les plus humbles excuses pour avoir négligé quatre mots de son texte, que jusque-là je considère comme négligeables. Barrès voudrait la caserne améliorée, soit; mais il avoue sa répugnance pour la caserne telle qu'elle est. J'imagine que la caserne allemande, où l'on fait l'impossible pour que les sous-officiers soient parfaits, au sens militaire du mot, ne réaliserait pas davantage son idéal. Et si ses jeunes Lorrains sont revenus gâtés d'un an de séjour à la caserne, ce n'est certainement pas ses meilleurs amis qu'il y enverra pour trois ans. Et comme je crois savoir que le meilleur ami de M. Barrès est M. Barrès lui-même...

Le cas de Drumont est plus net, et plus curieux. J'avais lu à la Chambre ce passage d'un de ses articles de la *Libre Parole* :

« Savez-vous quelque chose de plus navrant que l'existence de ce malheureux qu'on enlève à son champ, à son village, et qu'on jette pour trois ans dans une caserne, loin des siens, loin de tout ce qu'il aime, condamné à vivre avec d'autres hommes aussi à plaindre que lui ? Que voulez-vous qu'il reste, à un pays, de vigueur en réserve lorsque, dans vingt ans, tous les gens auront passé par cette terrible filière ? Tous ces fils de la terre, qui seraient mariés avec une brave fille, qui auraient fait souche de gars solides, reviennent chez eux plus ou moins syphilisés, pervertis par les sales amours des fortifications, ayant perdu la notion de Dieu et le respect de la femme, déshabitués de tout travail par une mécanique à la fois éreintante et vide. Ce sont des générations finies. »

Appelé à la tribune par cette lecture, savez-vous ce que M. Drumont répondit ? Il m'accusa de n'avoir lu qu'un fragment de son article. A quoi j'observai que j'avais voulu démontrer le danger des citations tronquées, puisque l'on poursuivait M. Urbain

Gohier en incriminant quatre lignes seulement dans un volume de plus de trois cents pages. J'avais d'ailleurs dit, après ma citation de Drumont : « Je me garderai bien de demander des poursuites. » Aussi, sentant son attaque manquée, M. Drumont passa forcément à la défensive. Mais il aggrava ainsi sa situation vis-à-vis de ses amis nationalistes.

Voici, en effet, ce qu'il dit : « Je puis penser, comme philosophe, au point de vue social, que le service obligatoire, qui est la conséquence de l'état général de l'Europe, est une cause d'affaiblissement et même de démoralisation jusqu'à un certain point pour le pays... En réalité, sur tous les bancs de la Chambre, à quelque opinion qu'on appartienne, on est de mon avis en théorie. »

Si vous aviez vu, alors, M. Déroulède se lever, déployer un large geste de réprobation et s'écrier : « Nous étions séparés sur d'autres points. Nous sommes encore séparés sur celui-là ! » J'ai passé là un des rares bons moments de ma courte carrière parlementaire.

M. Drumont, alors, joua le tout pour le tout, et montra le tréfonds de l'âme nationaliste : « Je préfère infiniment, dit-il, au système actuel, les vieilles armées françaises qui ont fait la grandeur de la patrie française, qui ont, en réalité, fait la France. » Pourriez-vous me dire si les politiques du nationalisme ont pardonné à M. Drumont d'avoir ainsi levé le masque de démocratie dont se couvre ce parti, et avoué que le pur nationalisme consiste, non à aller se gâter à la caserne, mais à envoyer les autres s'y gâter?

L'armée nationale, c'est la contamination de la France, de toute la France, par la caserne. Voilà ce qu'avoue M. Drumont. Pour épargner à la France cette contamination, il nous dit qu'il faut revenir aux armées de métier, c'est-à-dire ne contaminer, ne sacrifier, qu'une partie de la population. Et comme le plus noble des métiers, selon un nationaliste, est le métier des armes, et que celui qui l'exerce doit avoir le pas sur les citoyens, ainsi que l'a dit expressément le Père Didon, ainsi que vous l'avez dit vous-même, il s'ensuit que la partie saine de la nation doit se subordonner à la partie contaminée, c'est-à-dire, pour employer les propres expressions de M. Drumont, « affaiblie », « démoralisée », « pervertie », « syphilisée ».

XIX

MYSTICISME ET CLÉRICALISME

Ainsi, ce qui fait notre force est « affaibli », ce qu'on honore est « démoralisé », ce qu'on nous montre comme supérieur est « perverti », ce que vous exaltez au-dessus même des moines est « syphilisé ». Voilà ce que déclare, après Voltaire, M. Drumont. Vous ne vous en écriez pas moins, imperturbablement :

« L'Armée et l'Église demeurent toujours mon suprême espoir dans la lutte contre les bas instincts du socialisme, contre l'invasion et la conquête juives... Tout vaudrait mieux qu'un régime désormais sans autre idéal moral qu'une Porcherie modèle[1] ».

Tout, c'est-à-dire toutes les belles qualités que M. Drumont accuse la caserne de donner au soldat. Et vous apprendriez que

1. *Campagne nationaliste*, p. 213.

l'Église est encore plus pourvue de ces qualités que l'armée, cela ne vous ferait pas broncher. Vous êtes résigné à « tout », même à ne pas vaincre au moyen de cette armée que vous exaltez, puisque, vous l'avez dit, et je vous le répète : « Il ne s'agit pas de vaincre, mais de combattre. » Pourvu que l'armée et l'Église luttent contre le socialisme, celle-là peut avoir tous les vices et celle-ci toutes les stupidités; vous les acceptez.

Je vous ai rappelé plus haut ce que vous pensez des gens d'Église, et comme vous leur interdisez dédaigneusement le seuil des laboratoires. Mais il est bon à présent que l'on vous voie leur en passant la clé, par-dessous la porte.

Vous dites : « Il faudra bien, si les Français ne sont pas condamnés à disparaître, que les conceptions scientifiques de Darwin sur la concurrence vitale et la sélection naturelle l'emportent, au moins dans la lutte des idées, sur les dogmes politiques de la *Déclaration des Droits de l'Homme*, et que le cosmopolitisme et l'anarchie soient classés définitivement à leur rang de régressions mentales[1]. »

1. *Campagne nationaliste*, p. 213.

Voilà qui est clair, je pense. A ces gens, ennemis de la science et incapables, à votre estime, de la concevoir, vous fournissez une arme scientifique. Aux tenants du dogme catholique, vous offrez l'appui du darwinisme contre ce que vous appelez « les dogmes politiques de la Déclaration des Droits de l'Homme ». Et c'est là ce que vous appelez la séparation du laboratoire et de l'oratoire!

Admettons que certains tiennent la déclaration des Droits de l'Homme pour un dogme, et non pour la formule idéaliste des concepts juridiques et sociaux modernes, ce qu'elle est réellement. Entre l'un de ces dogmes, qui repose sur la raison humaine, et par conséquent ne peut pas rejeter la science, et l'autre, qui se dit révélé et, participant de l'immutabilité divine, s'oppose à toute recherche, à toute critique, à toute science, c'est pour celui-ci que vous, homme de science, vous optez!

Ce double sacrifice de la raison et de la science, vous le faites à quel idéal? A l'idéal que votre science et votre raison repoussent. Et tout cela pour que la misère continue de ronger les uniques auteurs de toute richesse, pour que le progrès lui-même s'arrête puisqu'il engendre au cœur des foules une espérance de liberté politique et de justice économique!

Oui, c'est bien pour la lutte contre la démocratie et le socialisme que l'Église et la haute armée se sont unies, c'est-à-dire pour la conservation des traditions, des légendes, des erreurs si favorables au maintien des privilèges de la naissance et de l'argent. C'est bien d'une régression politique et sociale qu'il est question. Et quand on recule sur le terrain politique et social, il est impossible de ne pas reculer sur le terrain moral comme sur le terrain intellectuel.

La guerre est un vaste et cruel jeu de hasard, quelque scientifiques qu'en soient devenus les moyens. Pour peu qu'elle dure — ou, plus simplement, pour peu que l'on soit ou se croie obligé de donner à sa préparation la première place dans les préoccupations d'un peuple — il se crée dans ce peuple un état d'esprit mystique adéquat à une telle préoccupation funèbre. Les armées de la Révolution étaient passablement incroyantes, mais la nation d'où elles sortaient, le chef qui les conduisait, en firent sacrer les victoires à Notre-Dame. Instrument de la réaction sociale et politique, le sceptique Napoléon fit la capucinade par raison d'État. Il ne l'eût pu si la nation n'avait pas subi au préalable la préparation mystique de dix années de guerre.

Nous avons aujourd'hui un budget militaire écrasant, de nombreux soldats sous les armes, un corps d'officiers instruits, un outillage de premier ordre, une alliance militaire point négligeable. Tout cela nous égale sensiblement à la Triplice, de l'aveu des personnes compétentes. Mais cette égalité ne peut subsister qu'à la condition de ne pas faire la guerre. Dès qu'on mobiliserait les bataillons de part et d'autre, il y aurait marche vers l'inconnu et, finalement, un vainqueur et un vaincu. De quel côté serait le vainqueur? Nul, parmi les mieux renseignés, n'oserait le dire sans crainte d'être démenti par l'événement.

C'est cet inconnu, ce mystère, ce hasard, ce dieu caché, qui crée et entretient le mysticisme dans l'âme des peuples militarisés et soumis aux chances de la guerre. C'est là qu'il faut chercher un des secrets de la sorte de réveil religieux auquel nous assistons. On a beau se dire que la force inconnue est toujours du côté du plus fort, on n'est pas rassuré. Et l'on n'est pas rassuré parce qu'on ne sait pas de science certaine si l'on est le plus tort. On sait seulement qu'on est à peu près d'égale force avec l'ennemi éventuel.

C'est précisément cet « à peu près » qui est irritant. Ce « peu » est-il pour nous, ou contre nous? Et s'il était contre nous, un coefficient mystique ne pourrait-il le contre-balancer et même le dominer? A toute aventure, on tâche d'avoir pour soi ce coefficient, et l'on finit par se persuader qu'une prière peut valoir un canon.

Notre haute armée est cléricale, personne ne le conteste, et vous vous en réjouissez. Elle ne l'était pas il y a trente ans. Elle l'est devenue. Dire les raisons de cette transformation nous entraînerait trop loin de notre sujet. Il me faut pourtant bien noter que, si elle est cléricale, elle n'est pas mystique. Ce ne sont donc pas des motifs de croyance profonde et sincère qui règlent son attitude, mais des motifs purement politiques. Notre haute armée, en effet, et ceux qui aspirent à y prendre rang appartiennent en majorité à la noblesse.

Or, si vraiment la vertu mystique de l'état militaire agissait sur eux, on les verrait rechercher les postes de combat et de péril. Consultez l'annuaire militaire, et vous serez édifié. La proportion des officiers nobles dans nos régiments de l'Est, où sont les troupes de première ligne, est très inférieure à celle que l'on observe dans ce qu'on appelle, dans le métier, les « bonnes garnisons », grandes villes et villes à proximité des châteaux du centre.

Tournez quelques pages, et vous constaterez qu'on trouve encore moins d'officiers nobles dans les troupes coloniales où l'état de guerre est en permanence : guerre contre les hommes, guerre contre les éléments. Je puis donc bien dire que ces messieurs de la haute armée, leurs fils, leurs neveux, leurs congénères sont des cléricaux dans votre genre, puisqu'il ne leur manque rien que la foi, puisqu'ils n'ont pas même la mystique foi militaire que l'on proclame nécessaire à leur noble profession et dont on leur fait don bien gratuitement.

Convenez, Monsieur, que cette attitude des grands chefs présents et éventuels est pour le moins immorale, ou bien que nous ne nous entendons plus sur le sens des mots. Votre esprit peut, nous le savons, contenir de telles contradictions, que votre dialectique résout. Théoriquement c'est un mal, par le mal que cela peut engendrer à plus ou moins longue échéance. Mais, contre ce mal, l'esprit humain n'est pas désarmé. Et vous-même nous fournissez, par vos recherches scientifiques, les moyens de le combattre.

Il n'en est pas de même pour la contradiction pratique où nous voyons tomber les chefs militaires. Ici, nous sommes désarmés, puisque c'est eux qui tiennent la force qui seule pourrait les réduire. Et s'ils n'ont pas même le mysticisme militaire qui peut être, en guerre, un motif d'enthousiasme, ils combattront donc pour la forme et, comme leurs aînés de 1870, capituleront dans les formes !

Cela ne vous émeut pas, puisque, pour vous, « il ne s'agit pas de vaincre, mais de combattre ». Mais, pour moi, simple Français, qui ne veux combattre que pour n'être pas vaincu, qui ne veux pas subir une force étrangère, qui ne veux pas changer de nationalité contre mon gré, la chose a une très grande importance, et j'entends être défendu dans la mesure des sacrifices que je consens par le double impôt du sang et de l'argent.

Je vois donc, dans les sentiments que trahissent ces messieurs de la haute armée cléricale, une hypocrisie dangereuse, c'est-à-dire une faiblesse morale qui correspond exactement à l'affaiblissement intellectuel des masses qui sont dominées par la croyance au coefficient mystique. Ils ont beau multiplier les manifestations religieuses, placer l'armée sous la protection de saint Michel, comme le général Trochu la plaça en 1870 sous la protection de sainte Geneviève, je ne puis avoir confiance.

La ligue du Labarum, fondée en juin 1898, a beau avoir à sa tête le cardinal Richard, archevêque de Paris, les amiraux de Cuverville, Lafont et Mathieu et les généraux de la Girennerie, La Veuve et Salanson, je ne puis voir dans cette manifestation un acte de défense patriotique. Le prospectus qui nous annonce la formation de cette ligue a beau prétendre qu'il s'agit « d'honorer l'archange protecteur de notre grandeur nationale », je sais qu'il n'est pas question de le mettre de faction, sa flamboyante épée au poing, sur notre frontière de l'Est.

Nous avons, sur la fonction réservée à cet archange militaire, l'aveu fait au journal *l'Éclair* par M. Paul de Régis, et il s'accorde trop bien avec les vôtres propres pour n'être pas sincère.

« Celui qui adhère à la ligue du Labarum, dit-il, doit prendre l'engagement de combattre sans trêve... *les congrès internationaux et nationaux;* d'assister à une messe annuelle *pour le triomphe de l'Église sur la franc-maçonnerie;* de recueillir les noms des sectaires qui se cachent *pour comploter contre la religion... ; de ne jamais avoir aucune relation quelconque d'affaires avec les personnes que l'on sait affiliées à la franc-maçonnerie, mais de traiter au contraire, de préférence, avec de bons catholiques antimaçons militants*[1]. »

Vous ne renierez pas ce programme, puisqu'il est le vôtre, celui du cléricalisme. Or, le cléricalisme est une chose, et le patriotisme en est une autre. Le nationalisme les exprime toutes deux, me direz-vous? C'est par le sentiment religieux que se soutient le sentiment patriotique, ajouterez-vous? La religion assure l'unité morale, sans laquelle il n'y a pas de sentiment national, direz-vous encore? Vous pourrez multiplier les affirmations de ce genre : elles ne tiendront pas devant les faits.

N'est-elle pas d'hier, cette apologie des Chouans faite en plein collège des jésuites par un général en activité de service? Les Chouans, placés entre la patrie et le roi, avaient opté pour le roi, accepté le secours

1. *L'Eclair*, juin 1898.

de l'étranger et combattu sous ses drapeaux. Et n'est-ce pas à la voix de leurs prêtres que les Chouans et les Vendéens se levèrent? Leur roi avait-il, par hasard, emporté la patrie à la semelle de ses souliers?

Les cléricaux, les militaires cléricaux sont devenus patriotes, direz-vous? Alors, comment l'un des plus qualifiés d'entre eux, le général Geslin de Bourgogne, a-t-il pu, devant des enfants auxquels les jésuites donnent un enseignement patriotique, glorifier, au nom de l'armée et de la religion, une révolte contre la patrie?

Il n'y a pas seulement séparation, ici, mais contradiction, entre le patriotisme et le cléricalisme. Quand elle s'exprime en dialectique, encore une fois, nous pouvons la discuter. Mais quand elle s'exprime en acte, comme au collège de Vannes — car l'enseignement de la jeunesse, et tout ce qui y touche, ce sont des actes — il n'y a plus à discuter, ni à ergoter, ni à tenter de philosophiques conciliations. On se trouve en présence de faits : on les constate, on les juge et on les condamne. On constate que le cléricalisme et le patriotisme peuvent s'opposer, se sont opposés, et que cette opposition est glorifiée par un de nos chefs militaires, sans que ses auditeurs, maîtres religieux et élèves, fassent entendre autre chose que des applaudissements. On juge que ces gens commettent une hypocrisie en se proclamant néanmoins les champions du patriotisme. Et l'on condamne leur immoralité.

Mais est-il besoin de remonter jusqu'à l'année dernière? N'y a-t-il pas, au moment où j'écris, deux officiers, le lieutenant-colonel de Saint-Remy [1] et le commandant Le Roy-Ladurie, qui attendent leur comparution devant le conseil de guerre, pour avoir refusé d'exécuter les ordres de leurs chefs, parce que ces ordres consistaient à disperser les attroupements formés pour la défense des

1. Le lieutenant-colonel de Saint-Remy a été condamné à *un jour* de prison, le conseil de guerre de Nantes ayant estimé que cet officier n'avait pas désobéi à l'ordre de ses chefs, mais seulement à une réquisition de l'autorité civile. Voilà qui sent le confessionnal plus que la caserne. Voilà qui permettra de frapper plus durement les soldats qui refuseront de marcher contre des grévistes. Car, pour marcher contre les grévistes, les chefs de corps ne recourront pas à la ruse du général Frater. Ils exécuteront directement les réquisitions des préfets : c'est alors à eux-mêmes, et non au pouvoir civil, qu'auront désobéi les soldats. O Frater-Loyola, il faut qu'on t'admire : tes ressources sont plus infinies que la miséricorde de Dieu.

Néanmoins, la ruse du général Frater a produit sur l'opinion publique un si déplorable effet, que, bien qu'il ne fût ni plus ni moins coupable que le lieutenant-colonel de Saint-Remy, le commandant Le Roy-Ladurie a payé pour deux et a été frappé de révocation par le conseil de guerre.

congrégations? Vous avez lu les journaux conservateurs, donc nationalistes : les uns ont excusé, les autres approuvé hautement cette révolte contre la discipline, ce refus d'exécuter la loi fondamentale de l'armée, qui est l'obéissance.

Votre dialectique peut encore s'exercer à résoudre cette contradiction. Le simple bon sens suffit à montrer aux esprits les moins prévenus que, pour le militaire clérical, la religion passe avant la loi, la patrie et même la discipline. Avant d'être citoyen, patriote et même militaire, ce militaire est clérical. Ses paroles le nient, mais ses actes le prouvent. Donc, tant qu'il a pu parler et qu'il a été dispensé d'agir, il a menti en affirmant l'indivisibilité de son patriotisme et de son cléricalisme.

Cette infériorité morale ne tient pas absolument à la profession militaire. Et la preuve, c'est que de nombreux officiers servent loyalement. Mais si le milieu militaire développe certaines vertus d'ordre, d'endurance, de courage, d'abnégation, de solidarité, que je ne songe pas un instant à contester, c'est précisément à la condition expresse d'être tenu en dehors des désordres civils et des querelles confessionnelles. Cependant, même sous cette condition, devenue idéale dans ces dernières années, ce milieu conserve ou fait revivre, en les développant, des sentiments archaïques propres à réjouir un traditionnaliste tel que vous, mais propres aussi à épouvanter quiconque aspire au triomphe de la raison sur la force brutale.

Parmi ces sentiments, l'esprit de corps, l'esprit professionnel même, est assez vivace pour qu'on ne considère point comme de simples paroles de courtoisie les toasts qu'aux grandes manœuvres les militaires étrangers portent aux chefs qui les ont invités. Non, ce n'est pas par courtoisie pure que « le général baron Fredericks, attaché militaire à l'ambassade russe en France, dans son allocution lors du banquet terminatif des manœuvres françaises de 1891, au nom de tous ses collègues les attachés militaires étrangers — et parmi eux des Allemands — dit :

« Notre présence ici est une preuve de la « solidarité qui nous unit tous dans notre « beau métier des armes.

« Au nom de mes collègues, Messieurs les « attachés militaires étrangers, je porte un « toast au ministre de la Guerre, etc. »

« C'était parler comme auraient parlé des industriels, des commerçants, dans un banquet corporatif international[1]. »

Ce toast, qui se répète, avec des variantes, à la clôture des grandes manœuvres de tous les pays militaires, et se répétera cette année comme les précédentes, ce toast ne peut que vous enthousiasmer. Vous qui croyez à la fatalité et à la pérennité de la guerre, parce que vous y voyez l'unique moyen de sélection nationale, sociale et individuelle, vous approuvez que, du moins, les instruments de cette nécessité bio-sociologique aient les attitudes chevaleresques et courtoises, voire cordiales, qui parent de quelque beauté ces sacrifices humains où le soldat est à la fois le prêtre et la victime.

Mais nous qui voyons les guerres se raréfier à mesure que circulent plus activement sur le globe, et sans grand souci des frontières, les marchandises et les idées ; nous qui savons que la guerre disparaîtra, comme ont déjà disparu de notre Occident la peste et la famine ; nous qui croyons à la victoire finale de la raison sur les prétendues fatalités, autrefois nommées décrets providentiels, nous ne pouvons que sourire de l'internationalisme

1. A. Hamon, *Psychologie du militaire professionnel*, p. 25.

des professionnels des diverses défenses nationales européennes.

On ne peut pas comprendre le respect de la vie humaine parmi les vertus que développe l'état militaire, puisque la profession du soldat est de tuer comme de se faire tuer. Cependant, jusqu'à ces derniers temps, du consentement unanime, les non-combattants étaient épargnés par cette loi de sang. Il appartenait au plus militaire des souverains européens de proclamer le retour aux exterminations des temps disparus. L'armée allemande, comme l'armée française, comme toutes les armées alliées, ne s'étant que trop conformée à cette sinistre consigne, des protestations surgirent de partout et, au Parlement allemand, elles furent exprimées par un discours de notre ami Bebel.

Le général von Gossler, ministre de la Guerre, bon courtisan autant que fidèle sujet, répondit en paraphrasant le discours adressé par Guillaume II aux soldats du corps expéditionnaire, discours où étaient évoqués les méfaits d'Attila, et qui se terminait par cet ordre féroce : « Pas de quartier [1] ! »

Je sais que vous avez réprouvé cette guerre,

1. « Nos troupes se livrent maintenant en Chine à des représailles pour le mal que les Huns nous firent il y a des

pour le singulier motif qu'il n'est de guerre noble qu'entre Aryens et qu' « il n'y a de loyales batailles que celles qui mettent aux prises des frères ». Mais cela me prouve simplement que vous avez de la guerre une conception idéale, comme qui dirait une conception de cabinet, profondément différente de l'atroce réalité. Cela me fait espérer aussi que si vous vous mêlez un jour à la vie sociale, au lieu de continuer d'en recevoir des impressions indirectes et faussées à travers les livres et les journaux qui pénètrent dans votre pacifique laboratoire, vous changerez d'avis sur les bienfaits que nous avons à espérer de la guerre.

Aussi, quelle que soit la férocité, théorique, dont votre livre est animé, je vous demande à vous, homme doux et pacifique en fait, si l'on contribue à l'éducation morale des jeunes soldats de nos garnisons de l'Est en leur distribuant des buvards où sont imprimées les gentillesses antisémites et cléricales que voici :

« Le juif a trahi Dieu. » Le Dieu des catholiques, évidemment. C'est un grief presque aussi ancien que celui de l'empereur allemand contre Attila ; mais votre science nous apprend

siècles. » Paroles du général von Gossler devant le Reichstag, séance du 19 novembre 1900.

que les individus le plus longuement rancuniers sont précisément ceux qui ont le cerveau le moins développé, un cerveau où se logent et d'où se délogent le plus difficilement les rares idées qu'il peut contenir.

« Le juif n'est pas français. Il trahit sa patrie. » Si le juif n'est pas français, il ne trahit pas sa patrie en trahissant la France. Ce second exemple vient à point pour illustrer mon affirmation ci-dessus, touchant la mentalité inférieure de l'antisémite.

« Arrière les sales juifs, les espions, les voleurs. » Ceci n'est qu'injurieux.

« A l'eau, les youpins. » Ceci est féroce. Et quand des êtres de mentalité inférieure sont féroces, ils le sont atrocement.

Voilà, Monsieur, la mentalité et la moralité du cléricalisme et du militarisme combinés en nationalisme. Dans ce chapitre, sans doute trop long à votre gré comme au mien, nous avons observé que le nationalisme est un paravent du militarisme, et celui-ci un contrefort du cléricalisme.

Les deux plus importants champions de la monarchie en France sont tellement pénétrés de cette vérité, le mouvement nationaliste seconde si bien leurs espérances de restauration napoléonienne ou orléaniste, que, lors du retentissant procès Zola, un des moniteurs du royalisme publiait ces lignes significatives :

« Un incident, très amusant et très caractéristique en même temps, s'est produit à la sortie de l'audience.

« Un grand nombre de manifestants hurlaient : « Vive l'armée ! » Quelques voix criaient d'autre part : « Vive la République ! » Alors, les premiers tombèrent à coups de poing sur les seconds, qui furent houspillés de la plus jolie façon.

« Le fait méritait d'être signalé[1]. »

Le lendemain, le journal de M. de Cassagnac disait : « Vive l'armée ! c'est : à bas la République[2] ! »

Faits en mains, je vous ai montré des chefs militaires affectant pour eux-mêmes et développant chez autrui, sans le partager, un double mysticisme religieux et patriotique. Nous avons vu l'esprit de secte prenant le pas sur l'esprit de nationalité, et la secte s'exprimant en parti politique. Nous avons touché du doigt des hypocrisies, des mensonges, des cruautés et des stupidités. Nous verrons bientôt l'antisémitisme en action.

1. *Gazette de France* du 14 février 1898.
2. *Autorité* du 15 février 1898.

XX

L'EXPRESSION DÉMAGOGIQUE DU NATIONALISME

Il y a parmi les antisémites, j'éprouve quelque honte à le dire, des gens qui se disent et peut-être se croient socialistes. Je me hâte d'ajouter, car je sais votre haine du socialisme, que ces gens-là, quand d'aventure ils se sont trouvés mêlés à l'action parfois confuse du prolétariat, ont toujours été dans le socialisme un bagage gênant. Notre grand tort a été de les considérer trop longtemps comme des auxiliaires dans l'œuvre de libération sociale que nous avons entreprise. Ce tort, la raison d'État socialiste nous y a fait tomber.

Car nous ne savons que depuis peu — et, parmi les socialistes, nombreux sont ceux qui ne le savent pas encore — que la raison ne se sépare pas en raison d'État et raison individuelle. C'est là une des meilleures leçons que nous ait données l'affaire Dreyfus, la meilleure peut-être. Chose curieuse, c'est au moment où le socialisme cessait d'être complètement démagogique que l'on voyait les partis antidémocratiques faire de la démagogie et se renforcer des éléments négatifs dont nous venions de le purger.

Et nous avons bien ri de voir Rochefort, par raison d'État démagogique, s'allier aux réactionnaires et croire aux dogmes et aux mystères de l'État-Major clérical, antisémite et nationaliste. Pour vous montrer à quel point la grâce l'a touché — et c'est bien la grâce efficace, ou je ne m'y connais point — je me permets de placer sous vos yeux quelques citations de cet écrivain.

Racontant sa comparution, en 1871, devant le conseil de guerre, M. Rochefort dit : « Je n'ai jamais mieux compris que dans nos entrevues avec cette soldatesque à quel point le régime militaire déprime et rétrécit les cerveaux[1]. » Remarquez que nous n'avons pas affaire ici au Rochefort qui a écrit mille fois au cours de sa vie : « Le général X... est un idiot » ou « le colonel Y... est une brute », tout comme il a écrit mille fois : « le mi-

1. *Aventures de ma vie*, t. III, p. 115.

nistre A... est une crapule » et « le député B... est un vendu ». Non. Ici, Rochefort ne polémique pas. Il n'individualise pas son grief du moment. Il émet un aphorisme. Il juge toute une catégorie professionnelle et sociale. Ce ne sont pas tels et tels militaires dont le cerveau est déprimé et rétréci, mais tous les militaires. Et c'est le régime qui les fait tels.

Ces militaires, dont le régime, leur régime, « déprime et rétrécit les cerveaux », ne sont pas seulement des imbéciles, au dire de M. Rochefort. Ils sont par surcroît des gredins. Et non pas tel général, ou tel colonel, mais tous les officiers, donc tous les militaires, puisqu'il n'y a que les officiers qui soient militaires. Écoutez-le plutôt :

« Pendant la *prétendue* délibération des membres du conseil, dont NATURELLEMENT L'ARRÊT AVAIT ÉTÉ RÉDIGÉ D'AVANCE, on nous avait fait retirer dans une salle assez vaste où nous nous promenions sous l'œil de beaucoup de gendarmes et de pas mal de policiers[1]. »

Mon Dieu, oui ! le Rochefort qui, en 1898, devait non pas sans broncher, mais en les

1. *Id.*, p. 141.

approuvant, en les glorifiant, assister aux collusions de témoins du procès Esterhazy, à l'aveu qu'une pièce fausse avait été fabriquée et sciemment introduite dans le dossier secret de Dreyfus, à l'aveu qu'au procès de 1894 des pièces secrètes avaient été communiquées aux juges du conseil de guerre et que Dreyfus avait été condamné sur ces pièces — fausses — dont lui et son avocat ignoraient l'existence, j'en passe... — ce Rochefort-là, vous savez à présent ce qu'il pensait naguère de l'intégrité des juges militaires. Me direz-vous que c'est du Rochefort d'autrefois? Je vous l'accorde, et vais vous donner du Rochefort d'hier, c'est-à-dire du Rochefort d'après la première condamnation de Dreyfus.

« Le métier des armes, dit-il, est une profession comme une autre, et on y dénichera facilement des professionnels qui sacrifieront leur conscience à des visions de graines d'épinards[1]. »

Vous le voyez, l'accusation de forfaiture n'atteint pas tel ou tel officier; pour M. Rochefort, c'est la profession qui pousse le professionnel à sacrifier sa conscience. Et si l'on s'avisait de lui objecter l'honneur militaire,

1. *Intransigeant* du 5 décembre 1897.

il pourrait s'écrier, se citant lui-même : « Ah ! voilà assez longtemps qu'on nous embête avec « l'honneur militaire[1] ».

Si par hasard cet amuseur public a une conscience, il faut qu'il l'ait sacrifiée à la raison d'État, divinité des démagogues et des mystagogues, pour avoir osé se contredire ainsi à quelques mois de distance.

Vous apercevez à ce trait, Monsieur, qu'il n'a rien d'un socialiste ni d'un démocrate. Pour un socialiste, en effet, la raison n'est pas d'État, ni la justice de circonstance. Reconnaissez là cette tant funeste métaphysique que nous tenons de la Déclaration des Droits de l'Homme.

Idéalisme pour idéalisme, nous préférons tout de même celui qui veut la justice égale pour tous à celui qui sacrifie la justice à une raison d'État, d'ailleurs absente et derrière laquelle sont embusqués tous les parasites sociaux que le progrès humain menace dans leur existence. Vous voyez donc bien qu'en épousant la raison d'État, en se prosternant devant les mystères de l'État-Major, Rochefort se montrait digne de passer sous votre haute direction spirituelle.

1. *Intransigeant* du 19 septembre 1895.

Comment un tel prodige s'est-il accompli? Comment Rochefort a-t-il pu s'approprier si rapidement, je ne dis pas vos pensées, mais votre vocabulaire et celui de M. Drumont, et injurier aussi couramment que vous les juifs, les huguenots et les francs-maçons, et avec eux les judaïsants, les huguenotisants et les maçonnisants, ce qui ne laisse hors de l'anathème que les fidèles de l'Église catholique, apostolique et romaine? Il n'y a point là de miracle pour vous ni pour moi, qui répugnons l'un et l'autre également à toute explication surnaturelle. A un esprit scientifique comme le vôtre, je ne puis proposer que cette explication :

Rochefort est un petit bourgeois, de sens avisé et d'esprit léger. Mauvais terrain pour le développement d'une conscience, vous en conviendrez. Il a toujours mis son talent superficiel et papillotant au service de la petite bourgeoisie parisienne, qui est bien la plus jolie collection de niais que l'histoire ait jamais connue. Tandis que les Henry Monnier, les Daumier, Victor Hugo lui-même s'en amusaient, Rochefort — reconnaissez ici le sens avisé! — forma le projet de l'amuser. Comme depuis un temps immémorial elle a toujours été contre le pouvoir — auglaise contre Charles VII et Jeanne d'Arc, ligueuse contre Henri III et le Béarnais, frondeuse contre Mazarin et le jeune Louis XIV, révolutionnaire contre Louis XVI, muscadine contre la Convention et le Directoire, bougonne et conspirante contre le Corse, barricadière contre les Bourbon de la main droite et de la main gauche, finalement radicale contre l'opportunisme d'hier et nationaliste contre la démocratie d'aujourd'hui — Rochefort s'est mis avec elle contre le pouvoir, systématiquement.

Un jour, elle décide le peuple à hisser Rochefort au pouvoir. Il met alors le sceau à sa réputation en s'en allant à temps. D'aucuns admirent son désintéressement en l'occurrence, et son peu d'ambition. Il ne faut point admirer quelqu'un de n'être pas un sot. Et sot il eût été, lui esprit léger, d'essayer de porter sur ses grêles épaules les formidables responsabilités de ce moment terrible. Triple sot il eût été de se séparer, pour une œuvre qu'il n'eût pu accomplir, d'une clientèle dont il était la vivante image et l'idole. Il retourna donc à ses meurtrières calembredaines, d'autant plus bruyantes que les mots y sont vides d'idées, de notions et même de signification précise, n'étant amenés dans la phrase que pour y produire un tintamarre amusant.

Voilà votre recrue, Monsieur. Elle vous était acquise de naissance et devait vous venir le jour où la petite bourgeoisie parisienne, renonçant à sa tradition de 1789, reviendrait à celle de 1576. Ce retour a des mobiles que je vous dirai plus loin, et vous verrez qu'ils justifient mon opinion sur la débilité intellectuelle des gens de boutique et de comptoir. En reculant vers le moyen âge, ils ont emmené avec eux leur fidèle journaliste.

Autour de Rochefort s'est groupée depuis vingt ans une faible partie de la classe ouvrière, séduite par ses brillantes invectives contre les puissants du jour, et qui trompe sa faim de justice par l'alcool de haine qu'il lui verse. Ces ouvriers, les moins aptes d'entre leurs frères à s'organiser pour créer la justice sociale, sont intéressants, puisqu'ils travaillent et souffrent. Leur inculture ne les porte que trop à croire que, s'ils sont malheureux, c'est la faute à tel ministre qui est un concussionnaire, ou à tel député qui est un traître à son programme.

Ils ne se sont pas encore élevés à la notion de classe, et ne savent pas prendre rang parmi ceux de leur classe qui mènent la lutte méthodiquement contre la classe possédante. Catholiques d'hier, mystiques d'aujourd'hui encore, ils incarnent en un homme leurs griefs contre tout ce qui les froisse et les écrase; quand ils agissent, ils rapetissent la lutte sociale aux proportions d'une rixe avec le sergent de ville du coin de la rue.

Ces victimes de l'anthropomorphisme social négatif, ces adversaires d'un diable personnifié par le gouvernant du jour, sont les partisans tout désignés, messianiques, de tout sauveur personnifié par l'opposant du jour. Ils trouvent en Rochefort l'homme qui leur crée intarissablement des diables et des messies. Il leur a donné le général Boulanger comme sauveur, et, après avoir traîné le général Mercier dans la boue, il le propose à leur adoration. Ils acceptent, plutôt résignés que joyeux, ce messie provisoire, car ces pauvres cœurs aigris savent plutôt haïr qu'aimer.

Et voilà vingt ans qu'impunément Rochefort retourne ces malheureux sur leur lit de souffrance. Aujourd'hui, il les excite contre les juifs. Il y a des juifs riches, scandaleusement riches et dont la fortune a poussé comme un champignon, ce qui est le scandale ajouté au scandale. Avec la faculté de généraliser propre aux esprits simples, ces prolétaires ont vu rapidement en tout juif un accapareur, un spoliateur, en réalité ou en puissance. On a facilement réveillé en eux les haines héréditaires, les idées modernes, exprimées en paroles démenties par les actes, n'ayant pu les pénétrer ; et ces athées, qui touchent du fer quand passe un curé, sont avec celui-ci du plus profond de leur inconscient pour venger le Christ des tourments que lui infligèrent les juifs, il y a tantôt deux mille ans.

Comme tous les primitifs, ils ont horreur de toute nouveauté et de toute différence. Ils sont révolutionnaires parce qu'ils souffrent et sont exaspérés. Mais leur révolution est une tradition, un préjugé ; elle a ses rites comme une religion, et, comme une religion aussi, ses dogmes, ses mystères et ses intolérances. Les révolutions du passé se sont faites sur les barricades, des conspirateurs ont passé leur vie à préparer des émeutes au temps où le peuple n'avait pas voix au chapitre ; ils demeurent dans le préjugé des coups de force, et tout instrument leur est bon qui peut leur donner la force, et toute subversion leur est favorable qui peut leur offrir une chance de sauter par surprise de la rue au pouvoir.

Ils se croient ainsi, à peu de frais, de grands politiques, n'apercevant pas qu'ils sont les instruments de ceux dont ils essaient de se servir : hier, les monarchistes derrière le général Boulanger ; aujourd'hui, les congrégations et ce qui reste de la féodalité agraire derrière le nationalisme.

XXI

LES FÉODAUX CONTRE LES CAPITALISTES

Le monde économique s'est transformé au cours du siècle dernier, mais on peut dire que la forme de propriété et de production qui a subi le moins profondément cette transformation, c'est la propriété et la production agricoles. L'esprit conservateur, donc d'opposition à toute nouveauté, est par conséquent plus intense chez les propriétaires et les producteurs agricoles.

Les propriétaires qui vivent de la rente du sol, nobles ou bourgeois anoblis par la propriété terrienne, considèrent avec une crainte mêlée d'envie les propriétaires du capital mobilier, accrû par l'industrie à chaque invention nouvelle. Les metteurs en œuvre de ce capital actif, ou plutôt ceux qui le concentrent sur les points où il est nécessaire, c'est-à-dire les financiers, sont naturellement l'objet de l'animadversion des propriétaires fonciers, qui vivent d'un revenu limité à la faible productivité relative du sol. Or, parmi ces financiers, il est beaucoup de juifs, et cela se comprend : ayant été écartés pendant des siècles de la propriété foncière, les juifs se sont faits marchands et banquiers. J'entends : ceux qui l'ont pu.

A mesure que, par la division sociale et manufacturière du travail, l'industrie et le commerce prenaient le pas sur l'agriculture ; à mesure que l'industrie accroissait ses moyens de production et groupait des capitaux plus nombreux ; à mesure qu'ainsi la propriété mobilière tendait à reléguer la propriété immobilière au second plan et à se la subordonner, — les propriétaires fonciers sentaient décroître leur importance sociale en même temps que leur importance économique. De plus, ils entraient forcément en contact avec ces formes économiques nouvelles, et chaque contact était pour eux un froissement, voire une défaite. Forcés de recourir au crédit, ils trouvaient devant eux les marchands d'argent. Forcés de vendre leurs produits au marché, ils trouvaient devant eux, comme acheteurs profitant de leur pénurie et en même temps comme vendeurs de produits concurrents achetés à l'étranger, ces mêmes marchands d'argent transformés en importateurs, en spéculateurs. N'ayant pas la souplesse professionnelle de leurs clients et concurrents, les propriétaires étaient battus dans leurs accords comme dans leurs luttes avec ces représentants du mercantilisme.

L'antisémitisme est la forme revêtue par cette guerre des propriétaires fonciers, naturellement rétrogrades et routiniers, contre les propriétaires mobiliers, les capitalistes véritables, forcément progressifs et innovateurs. Je n'ignore, ni n'entends pallier, aucun des brigandages financiers par lesquels ceux-ci ont créé et assis leur domination.

Mais si, au nom de la morale sociale, je puis flétrir ces brigandages, vous ne le pouvez pas; le darwinisme tel que vous l'exprimez vous contraint en effet à voir en eux les seuls justes, puisqu'ils sont les victorieux. Être avec les inadaptés qui veulent continuer féodalement la vie oisive au moyen de la rente du sol, contre les organes nouveaux qui, onéreusement mais réellement, ont augmenté la productivité générale et créent, sans le vouloir mais fatalement, les conditions de coopération universelle par lesquelles seulement la justice sociale peut naître, c'est avouer de profondes lacunes dans la théorie dont on se réclame.

Ici encore, Monsieur, je vous prends en flagrant délit de contradiction. Entre les agrariens et les capitalistes, le socialisme, qui ne peut naître que du développement du capitalisme, n'hésite pas. Et si les formes anciennes de la propriété s'opposent, en réaction politique, sociale et économique, aux formes modernes de la production, le socialisme se dresse pour protéger son enveloppe organique tout comme, si elle en avait conscience et pouvoir, la chrysalide surgirait pour défendre le cocon à l'intérieur duquel elle évolue pour finalement s'achever en brillant papillon.

Produit d'une division plus achevée des fonctions sociales, le capitalisme n'a pas une morale, une religion, une politique. Tandis que la propriété foncière demeure encore dans la confusion des attributions patronales et féodales, et qu'à ce titre elle a ses traditions morales, religieuses et politiques et les impose aux individus qui dépendent d'elle, le capitalisme se borne à sa fonction économique, qu'il accomplit ainsi bien mieux. Il achète du travail comme il achète de la houille ou du fer. Il est impersonnel, amoral, apolitique et athée. Il est l'organe économique spécialisé, rien de plus. Il n'est pas un homme, et ne considère pas le travailleur comme un homme, mais comme une force-travail. Mais aussi, il laisse le travailleur être un homme à son gré, et quand il lui achète du travail, il n'achète point par surcroît sa conscience ni son droit d'homme et de citoyen.

Je sais bien que, cela, c'est le capitalisme idéal, en tendance et en devenir beaucoup plus qu'en réalité actuelle, quantité de capitalistes industriels étant encore imbus du préjugé féodal et patronal qui domine absolument les propriétaires fonciers, qui sont et se croient bien plus des « seigneurs » que des entrepreneurs ou des rentiers. Avec les capitalistes, c'est pour les prolétaires la servitude économique seulement; mais avec les propriétaires fonciers, ce sont, réunies, toutes les servitudes.

Voulez-vous savoir, Monsieur, jusqu'où vont les choses, en ce sens, du moins en projets, dans le pays qui nous a donné l'antisémitisme ? Lisez ce passage de l'article de M. Louis Forest :

« En décembre de l'année 1892, un des plus grands seigneurs de la noblesse prussienne, le comte de Kœnigsmarck fit un discours devant la société poméranienne d'économie politique (Pommersche œkonomische Gesellschaft), club composé de grands propriétaires fonciers. A propos de la question ouvrière agraire, l'orateur parla de l'indiscipline des paysans et de la nécessité de rétablir les corrections par la violence et le bâton. Au mois de décembre 1899, on put lire dans les journaux l'étonnante note qui suit :

« La section des pétitions du Reichstag
« allemand s'est longuement occupée d'une
« pétition demandant la réintroduction de la
« peine du fouet dans le Code pénal. La
« pétition a été défendue par les conserva-
« teurs, le parti réformiste et le centre[1]. »

Étant une lutte directe contre le capitalisme et une lutte par contrefaçon démagogique contre le socialisme, l'antisémitisme ne pouvait manquer d'avoir pour premiers adhérents tous ceux qui vivent du labeur paysan, enchantés de dériver les vagues aspirations des ouvriers et de concentrer les haines contre les fortunes nouvelles. Il était plus facile à la paresse intellectuelle et industrielle des

1. *L'antimilitarisme en Allemagne.*

hobereaux agrariens de la Prusse et de l'Autriche, et aussi des nôtres, de combattre, sous le nom générique de juifs, les capitalistes que d'évoluer et de les imiter. Aussi M. Anatole Leroy-Beaulieu dit-il d'eux avec juste raison :

« Au point de vue économique,... l'antisémitisme n'est guère que le socialisme des salons, le socialisme du clubman et du hobereau, le socialisme mondain, de tous ceux dont les rentes sont inférieures aux appétits ou aux ambitions ; le socialisme bourgeois de tous les vaincus de la vie et de tous les mécontents de la fortune[1]. »

Bebel a dit que « l'antisémitisme est le socialisme des imbéciles ». Le mot est dur et inexact. L'antisémitisme est en réalité un paratonnerre pseudo-socialiste destiné à détourner la foudre socialiste des vieilles fortunes foncières et féodales et à l'attirer sur les nouvelles fortunes mobilières et capitalistes. Et ces prétendus imbéciles ne sont pas si bêtes; car leur pseudo-socialisme « a sur l'autre l'avantage de ne s'attaquer qu'à un groupe défini, taxé d'étranger ; de sorte qu'en hurlant avec les antisémites, contre

1. *Les périls de l'heure présente* (*Revue* du 1er février 1901).

les crimes des accapareurs ou les abus du capitalisme, le bourgeois de Paris ou le gentilhomme de province ne risquent pas de tirer sur eux-mêmes et d'être les premières victimes des colères soulevées par leurs déclamations. C'est là, il faut le dire, une des causes de la diffusion de l'antisémitisme.[1] ».

1. *Les périls de l'heure présente* (*Revue* du 1er février 1901).

XXII

AUTRES INADAPTÉS

Le boutiquier parisien, dont je vous parlais tout à l'heure, et auquel je reviens, est, lui aussi, un inadapté. Et la preuve, c'est que cet ultra-individualiste qui se croit un libéral, et dont l'individualisme restreint se mesure à son ignorance de soi-même, de son milieu et des événements économiques et sociaux qui modifient ce milieu, est tout aussi protectionniste, tout aussi fermé à la vaste vie économique que le plus obscurantiste châtelain de la Basse-Bretagne.

Consultez, Monsieur, les boutiquiers de votre rue sur l'utilité d'un tramway et vous les entendrez s'écrier qu'on veut les ruiner, puisque le tramway permettrait à leurs clients d'aller s'approvisionner ailleurs que chez eux. Et ces boutiquiers ont à l'Hôtel de Ville des représentants à leur mesure, surtout depuis qu'en haine et terreur du socialisme ils ont fait les élections dont vous vous êtes réjoui. Le patriotisme de ces nationalistes, dans son expression réelle et non verbale, ne dépasse pas les fortifications.

C'est un de ces élus que j'entendais naguère protester contre la création de tramways entre Paris et la banlieue, tramways dits de pénétration qui permettent à l'ouvrier, à l'employé parisiens de décrasser leurs poumons de l'air méphitique de l'atelier et du bureau, tout en se logeant à peu de frais. Le préfet de la Seine, c'était alors M. Poubelle, répondit spirituellement à ce conseiller municipal ultra-nationaliste, nationaliste avant la lettre : — Vous voulez donc condamner les Parisiens à l'enceinte fortifiée !

Oui, c'est bien là un des traits constitutifs du nationalisme : isoler les individus, les parquer dans des localités réduites ; et le plus nationaliste n'est pas celui qui se sent solidaire des gens de Dunkerque et de Perpignan. C'est celui qui, Breton, appelle les Français des étrangers ou qui, boutiquier parisien, veut que les gens de son quartier soient contraints de lui donner leur clientèle.

Et le vrai nationaliste parisien n'est pas celui qui est pour Paris contre sa banlieue, mais celui de Vaugirard qui est pour Vaugirard contre Grenelle, et celui de Montmartre qui est pour Montmartre contre les Batignolles. Celui-ci trouve plus nationaliste que lui, pourtant : c'est le boutiquier qui, dans son quartier, est pour sa rue contre la rue voisine ; et ce nationaliste est encore dépassé par celui qui est pour sa boutique, uniquement, et ferait volontiers une loi pour fermer celle de son voisin.

Remarquez en passant comme, en ces matières capitales, presque vitales, au sens le plus littéral du mot, l'enseigne nationaliste répond peu à la réalité, puisque l'analyse de l'état d'âme économique du nationaliste nous donne ce résidu : l'individu isolé, incommunicable, impénétrable, égoïste inintelligemment puisque séparé de la vaste coopération sociale qui augmente les forces et la liberté de chacun. Or, la nationalité, c'est une coopération générale, très vaste et très diverse, et qui prépare, sans fusion cosmopolite prématurée et dangereuse, l'action concertée de tous les humains sur la croûte d'humus qui les emporte dans les espaces infinis.

Ce n'est donc pas vers la nationalité que se dirige le mouvement rétrograde improprement appelé nationalisme, mais vers l'émiettement infinitésimal des localités dans la nation et des individus dans la localité. Admirez, si vous l'osez, ce triomphe de l'instinct, cet instinct si vanté par les écrivains du nationalisme, sur la raison et la science. Admirez la régression du civilisé en barbare, le retour de l'homme à la brute.

Le boutiquier parisien était un terrain tout préparé pour l'antisémitisme comme pour la forme inférieure du patriotisme qu'est le nationalisme. Sa débilité intellectuelle le portait à prendre le change sur les indications de ses politiques habituels. Beaucoup de juifs sont commerçants. Plus aptes au négoce que leurs concurrents, ils font des affaires là où ceux-ci entrevoient à chaque échéance le spectre de la faillite.

Cette aptitude au négoce est-elle une qualité ou un vice? Il importe peu ici. Car, si elle est une qualité, les juifs valent mieux que les non juifs ; et si elle est un vice, est-il bien moral de plaindre vos chers boutiquiers catholiques de ce qu'ils ne sont pas aussi voleurs que leurs concurrents israélites, et de vouloir qu'ils soient seuls à rançonner le consommateur?

Je vous ai dit que le naïf boutiquier est une dupe d'élection pour les malins politiciens qui le mènent. En voulez-vous une preuve ? Quels sont les concurrents les plus redoutables des boutiquiers ? Les grands magasins évidemment. Ceux-ci vendent meilleur marché, non seulement parce que la concentration des marchandises en caravansérail réduit au minimum leurs frais généraux, mais encore parce qu'ils s'approvisionnent directement au fabricant, sans passer par la filière d'intermédiaires du gros et du demi-gros que subit le détaillant.

Or, parmi les fabricants, les congrégations dites charitables qui tiennent des ouvroirs et des orphelinats sont on ne peut mieux placées pour livrer des marchandises à vil prix, puisque la main-d'œuvre ne coûte que la nourriture — et j'ai dit à la Chambre quelle nourriture paie ce labeur exténuant d'enfants de dix à vingt ans [1]. Il n'empêche que notre boutiquier, suit la politique des congrégations

1. Dans l'enquête officielle sur la fortune des congrégations, faite par les soins du ministère des finances lors de la discussion à la Chambre de la loi sur les associations, on trouve un relevé instructif des patentes auxquelles sont soumises les associations religieuses.

On compte : 600 congrégations qui fabriquent ou vendent des articles de lingerie, couture, confection ; 503 qui tiennent des hôtels garnis, des pensions, des maisons de retraite, des chambres et appartements meublés, des auberges ; 300 qui tiennent des pharmacies, herboristeries, drogueries ; 40 qui exploitent des blanchisseries ; 34 qui exploitent des moulins à vent ; 12 en moyenne qui ont des et prend son mot d'ordre électoral dans les journaux du propriétaire d'un des trois plus grands magasins de Paris.

Dans son beau et courageux discours sur l'antisémitisme en Algérie[1], Gustave Rouanet a démoli la légende des faillites juives à répétition lancée par Fourier, il y a trois quarts de siècle, et reprise par les polémistes de l'antisémitisme. Au dire de ceux-ci, l'Algérie est la proie des juifs, qui, plus qu'ailleurs, y exerceraient leurs méfaits. Et c'est d'un juste sentiment de révolte contre cette exploitation de l'Algérie par les juifs qu'aurait surgi la violente agitation de ces dernières années.

Eh bien, Monsieur, depuis le discours de Rouanet, cette légende s'est évanouie pour

« imprimeries », des entreprises de « bains publics », des fabriques de « pains à cacheter et à chanter », des boutiques de chasubles ; 10 enfin qui ont des fabriques et une vente d'alcool ou de liqueurs alcooliques (Chartreuse, Trappistine).

D'autres font le commerce sous des vocables commerciaux bizarres : « Marchands forains »; « Bazar d'articles de ménage et de bimbeloterie » ; « Marchands de cochons », « Fabricants et marchands de fromages » ; « Marchands de balais en gros » ; « Souliers sur commande » ; « Fabricants de verres de montre et de lunettes » ; « Marchands de lorgnettes ». Marchands de lorgnettes ! Ceux-ci doivent avoir contre les juifs une animosité particulière, une animosité de confrères.

1. Chambre des députés, séance du 19 mai 1899.

faire place à la vérité. Et la vérité, la voici : Sur 31.128 commerçants que compte l'Algérie, il y a 5.385 juifs et 14.440 chrétiens. De 1894 à 1898 on a compté 347 faillites juives et 998 faillites chrétiennes. Cela donne 1 failli juif sur 15 et 1 failli chrétien sur 14. Je néglige les fractions. Veuillez noter que cette période de 1894 à 1898 est celle des pillages de boutiques juives, du boycottage des établissements juifs, bref de la terreur antijuive. Eh bien, malgré ces conditions favorables à l'éclosion naturelle ou artificielle de la faillite, vous voyez que les juifs forcés de déposer leur bilan sont moins nombreux relativement que leurs confrères incirconcis.

Direz-vous que les juifs se sont rattrapés sur la plus grande perte qu'ils ont infligée, volontairement ou non, à leurs créanciers? Écoutez, alors : tandis que les faillites juives ont donné 16,50 0/0 à leurs créanciers, les faillites non juives n'ont donné que 13,50 0/0.

XXIII

L'ANTISÉMITISME EN ACTION

« En admettant, dit M. Drumont, que le petit juif qui gagne quarante sous par jour ne soit pas un mythe, je n'ai jamais nourri contre lui les noirs desseins que me prête M. Lazare, et M. Lazare serait bien en peine de me montrer la page où j'ai poussé à l'égorgement de ce petit juif[1]. »

M. Drumont fait bien des façons pour « admettre » que l'existence du « petit juif qui gagne quarante sous par jour » n'est pas un « mythe ». Ce vieux Parisien de Paris aurait-il ignoré, jusqu'à ce que M. Bernard Lazare la lui révélât, l'existence, aux entours de la rue Saint-Antoine, de toute une colonie de juifs pauvres vivant, depuis un temps immémorial, d'un travail manuel? Mais passons : M. Drumont admet. Et, ce juif pauvre

1. *Libre Parole* du 22 mai 1896.

et laborieux, M. Drumont ne demande pas qu'on l'égorge. Car voici l'habileté de ce « sociologue », ainsi qu'il aime à s'intituler lui-même : Lorsqu'il discute avec des socialistes ou des écrivains sociaux, c'est par l'aspect économique de la question antisémitique qu'il essaie de les convaincre, disons le mot, de les amadouer. Vous socialistes, dit-il en substance, vous êtes contre tout enrichissement individuel, contre tout accaparement capitaliste. Eh bien, je suis avec vous et je proteste comme vous contre ces fortunes qui poussent en une journée de Bourse sur les innombrables ruines qu'elles font. Tous ces accapareurs, tous ces agioteurs, ou presque, sont juifs. C'est à ceux-là que j'en ai, et non aux pauvres diables d'enfants d'Israël, s'il en existe, qui gagnent leur croûte à la sueur de leur front.

Or, en Algérie, où M. Drumont a été élu député à la faveur de ses opinions antisémitiques, il n'y a pas que des commerçants et des capitalistes en fait de juifs. Ici, ce n'est pas aux statistiques que j'irai demander mes preuves, mais aux coreligionnaires mêmes de M. Drumont. C'est dans l'*Antijuif* d'Alger, organe officiel des électeurs de M. Drumont, que je trouverai le démenti le plus violent qui ait jamais été donné à ses affirmations. Et c'est au moment même où ce journal posait la candidature de M. Drumont, c'est-à-dire dans le courant des mois de mars et avril 1898, que, pêle-mêle, on boycottait et proscrivait les commerçants et ouvriers juifs. Veuillez lire, Monsieur, un court extrait de ces monstruosités :

« *Employés juifs.* — Le Crédit foncier occupe cinq juifs : les deux frères Athon, Molina, Franc.

« La Compagnie algérienne a confié son guichet de payements au youtre Stora.

« La maison Bertomen n'a pas encore renvoyé son voyageur juif Laréda.

« A quand donc le balayage final ?

« — M. B..., sacristain à Saint-Augustin, fait tous ses achats chez les juifs ; Mlle P..., Mustapha-Supérieur, se sert au « Pauvre Indigène », magasin juif ; Mlle B. F..., rue Ledru-Rollin, a été vue au « Hasard ».

« — Mlle A. M..., Mme G..., femme d'un avocat, demeurant rue d'Isly ; Mme C..., femme du directeur du théâtre ; Mme R..., dont le mari est employé d'assurances, n'hésitent pas à s'approvisionner au « Petit Louvre ».

« — A la Chiffa, Mmes J..., C..., A..., femme

du receveur des postes ; P..., femme du maire, attendent le passage du juif Aron ou du « Petit Bazar » pour faire leurs achats.

« — Nous signalons aussi Mme S. T..., 11, rue d'Isly, à la « Gazelle », qui occupe une juive, ainsi que Mme M..., du « Corset argenté », et Mme P..., du « Corset merveilleux ».

« — Mme D..., femme d'un ancien docteur militaire, demeurant rue de Tanger, a été surprise au moment où elle sortait du magasin juif, place du Gouvernement, qui a pour enseigne au « Petit Gain ».

« — La plupart de nos congrégations religieuses se servent chez les juifs. Nos religieuses auraient-elles l'intention de convertir nos juifs ! Il est plutôt à craindre qu'elles ne s'enjuivent.

« — M. Emiel, que nous connaissons comme antijuif, devrait bien prier sa caissière, H. D..., de montrer un peu moins sa tendance à soutenir les juifs.

« — Mustapha ben Hamed Semid Ali, occupe, paraît-il, à la villa Villenave (village d'Isly), des cigarières juives.

« — Mme A. E..., rue Bab-Azoun, a toujours comme comptable l'employé des postes youtre, et son magasin sert de couloir pour livrer passage aux clients des « Montagnes russes », les lendemains de manifestations.

« Mme Simon occupe toujours à « la Gazelle », rue d'Isly, une juive du nom de Fortunée Azoulay. Elle se sert aussi chez les youpins.

« — Mme G..., femme d'un ancien député, a été vue le 20 mars, de trois et demie à quatre heures, aux « Montagnes-Russes ».

« Trois dames de charité sont allés à la « Renaissance » chez le hideux Fassina. Deux d'entre elles ont promis à Mme E..., qui leur faisait remarquer ce que leur conduite avait d'odieux, de ne plus recommencer. — Mme R..., au contraire, persiste à vouloir enrichir les sales youpins de l'argent qu'ils nous volent tous les jours. »

Ces extraits sont pris entre mille. Puisant aux mêmes sources, Rouanet a pu dire à la Chambre, dans le discours dont je vous parlais plus haut, en présence de M. Drumont et sans que celui-ci lui opposât démenti ni dénégation :

« M. Drumont, à la *Libre Parole*, me demandait : Où sont donc les prolétaires juifs, où sont ces ouvriers que l'on persécute ? Je vais vous les montrer, et j'emprunte au journal de M. Max Régis le martyrologe de ces travailleurs.

« Il y a bien des juifs ferblantiers à Alger, puisque l'*Antijuif* reproche à M. Ginet, de la carrosserie française, de les employer et lui demande de les mettre à la porte. Il y a bien des tanneurs juifs à Alger, puisque vous demandez que la tannerie française du Ruisseau et de Hussein-Bey cesse d'employer des ouvriers tanneurs juifs.

« Sont-ce des capitalistes, les imprimeurs typographes qui travaillaient chez Charles Zamith et Cie, et dont l'*Antijuif* a demandé l'expulsion ? Ce ne sont pas des capitalistes ni même des banquiers — comme M. Morinaud — les ouvriers dont vous avez demandé l'expulsion de chez Bosca et Baubif ?

« ... Ne croyez pas que ces violences soient des violences de plume, des dénonciations vaines. Non ; elles sont obéies rigoureusement. Cela est si vrai qu'on me cite le cas d'un cocher juif qui faisait le service d'une maison de Birkadem ; il est père de huit enfants ; il a épousé une catholique et probablement n'était pas un juif très pratiquant ; il a été dénoncé par l'*Antijuif;* huit jours après, il était mis à pied et réduit à la misère [1].

1. *Journal Officiel* du 24 mai 1899.

Boycottage de magasins juifs, d'employés et d'ouvriers juifs ; menaces aux « chrétiens » qui se fournissent chez les juifs ou emploient des juifs. Les cigarières, qui sont de « petites juives » et ne doivent même pas gagner les « quarante sous par jour » dont parle M. Drumont, ne sont pas plus épargnées que les propriétaires des magasins juifs. Tentera-t-il de se sauver en déclarant qu'il n'a pas « poussé à l'égorgement » des prolétaires d'Israël ? Ses partisans lui ôtent cette ressource ; ceux-là même qui ont terrorisé Alger, pillant les boutiques juives et les incendiant, poignardant et assommant les juifs dans les rues, sans égard ni au sexe ni à l'âge des victimes, ces brutes fanatisées ont voulu à la Chambre française un représentant à leur image et, au plus fort des troubles odieux qui sont encore dans toutes les mémoires, c'est M. Édouard Drumont qu'elles sont allées chercher.

Toujours devant M. Drumont, Rouanet, dans son discours, a pu dire, sans qu'on osât démentir un seul des faits atroces qu'il apportait :

« On arrête un tramway et le nommé Shebat, qui s'y trouvait tout seul, est tiré hors de la voiture, lapidé, mis en morceaux par cette foule barbare que vos excitations avaient rendue ivre de sang et de fureur...

« Le même jour, le Dr Azoulet, dont la mère avait la semaine précédente versé 10.000 francs aux hôpitaux d'Alger, sans aucune distinction confessionnelle entre juifs, catholiques ou protestants, le Dr Azoulet était à moitié écharpé. A la même heure, alors que l'on pillait les juifs, alors que l'on essayait d'assassiner Azoulet, qu'on lapidait Shebat, alors que l'on traînait les femmes juives par les cheveux, alors que trois femmes antisémites fessaient sur la place Bresson une petite fille juive de six ans... on voyait un médecin juif, le jeune Jaïs, dont le nom a illustré le martyrologe de la science, qui, penché sur le chevet des malades catholiques, juifs, libres penseurs, sans aucune distinction de confession, faisait noblement son devoir et contractait les germes du fléau qui devait le foudroyer. »

Voulez-vous encore un trait de la mentalité antisémite à cette hideuse époque? Lisez cette lettre que le *Réveil Algérien* disait recevoir d' « un de ses plus honorables correspondants » et publiait dans ses colonnes :

« MONSIEUR LE RÉDACTEUR EN CHEF
DU *Réveil Algérien*

« Nous avons lu, il y a quelque jours, quelques-uns de mes amis et moi, une nouvelle qui nous a comblés de joie. Un lieutenant du nom de Dreyfus, parent proche ou éloigné, mais à coup sûr parent du misérable traître en renom, s'est fracassé le crâne dans une chute de cheval.

« Nous ne savons si cet *officier!* (dire que ces gens-là se rencontrent aussi dans l'armée!) attendait, comme son cousin, le grade de capitaine et l'accès des bureaux de l'état-major pour livrer nos plans à l'ennemi, mais la nouvelle de sa mort nous a fait danser en rond une joyeuse bourrée et a corroboré notre foi en la patrie.

« Notre premier élan de joie apaisé, nous avons songé à la généreuse bête antijuive, qui a si dignement concouru à l'élimination des juifs puissants de l'organisation militaire que nous réclamons tous.

« Qu'est devenu ce glorieux cheval ? C'est ce que nous nous sommes demandé avec inquiétude.

« Nous craignons fort que le Lantiéri de là-bas n'exerce contre lui des poursuites et ne le traduise devant les juges correctionnels.

« Aussi, avons-nous recours, monsieur le rédacteur en chef, à la publicité de votre estimable journal pour faire connaître, au maître actuel de la vaillante bête, qu'un groupe d'antijuifs oranais a l'intention de le lui acheter pour lui ménager l'existence douce qu'il a si bien gagnée.

« Veuillez agréer, etc.

« UN ANTIJUIF ORANAIS. »

Combien d' « absinthes antijuives » faut-il boire pour en arriver à cet état de stupide férocité! Autant, sans doute que de verres d'alcool pour faire en Bretagne les émeutes scatologiques que vous prenez, dans une « note » que je citerai plus loin, pour un « mouvement de l'opinion publique ». A propos de ces émeutes, où gendarmes et soldats se laissèrent si stoïquement couvrir d'immondices, laissez-moi vous faire part d'une statistique, dressée par l'administration des contributions directes, sur la consommation de l'alcool dans les trois communes soulevées pour la défense de la foi, aux acclamations du parti nationaliste :

A Saint-Méen, du 1er juillet au 20 août 1901, il a été consommé 221 litres d'alcool. En 1902, pour la même période, qui est celle des échauffourées, il en a été consommé 300 litres. Au Folgoët, la consommation a passé de 356 litres à 515, et à Ploudaniel, de 421 à 701 litres. Les juifs d'Algérie ou d'ailleurs ne sont évidemment point si « idéalistes ». Mais revenons à nos « idéalistes » algériens.

Dans le même temps que ceux-ci manifestaient les fureurs que je vous ai dites sommairement, vos antisémites parisiens, lyonnais, nancéens, s'essayaient dans les rues à la chasse aux juifs et au pillage des boutiques juives. Mais la fureur religieuse est moins véhémente chez les petits-fils de ceux qui ont fait la révolution de 1789 que chez les descendants hispano-algériens de ceux qui ont conservé l'inquisition jusqu'en 1820. Et le pieux journal *la Croix*, alors rédigé par les Assomptionnistes, n'eut pas la sainte joie de voir, comme en Algérie, les boutiquiers sauver leurs marchandises du pillage en traçant à la craie cette inscription sur leurs volets : « Ici, il y a des chrétiens et pas de juifs. »

Écoutez ceci, Monsieur, vous qui êtes patriote. Cette tourbe d'Italiens et de Maltais, fanatisée par ses prêtres, pourquoi est-elle allée chercher Drumont à Paris? Parce qu'il est l'antijuif qu'il fallait à ces cosmopolites, si hâtivement naturalisés algériens — je ne peux pas dire français — que, pour communiquer avec eux, le candidat Drumont et le candidat Marchal, son acolyte, durent rédiger en espagnol leur appel aux électeurs. Ces cosmopolites, avant-garde de votre armée nationaliste, je ne sache pas que Barrès les ait jamais qualifiés de « déracinés ». Voici en quels termes les candidats « Carlos Marchal » et « Eduardo Drumont » les appelaient au vote :

« Conocemos y queremos la Espana donde no nay judios y que por esto motivo se queda en fronte delos siglos y delante de las otras naciones. » (Nous connaissons et nous chérissons l'Espagne où il n'y a pas de juifs et qui, pour ce motif, se place au front des siècles à la tête des autres nations.) Et tandis que cet appel était lancé aux Espagnols du département d'Alger, la candidature de M. Morinaud, autre antisémite, était recommandée en ces termes aux Italiens du département de Constantine :

« Comment! vous êtes pour la plupart catholiques pratiquants, votre religion est la religion chrétienne, vous adorez le fils de Dieu, vous, vos femmes et vos enfants, et vous marchez la main dans la main avec les infâmes bourreaux du Christ! »

Le Drumont qu'il fallait à ces cosmopolites méditerranéens, ce n'était pas le Drumont nationaliste qui donne pour devise à son journal « la France aux Français ». C'était le Drumont qui avait écrit : « Les antisémites ne blâment pas l'Inquisition... Ils sont convaincus qu'elle a assuré la grandeur et l'indépendance de l'Espagne, et leur premier soin, s'ils étaient au pouvoir, serait d'établir un tribunal qui serait exclusivement laïque, il est vrai, mais qui ressemblerait beaucoup à l'Inquisition espagnole[1]. »

Mais j'y songe. Rien de tout cela ne peut vous scandaliser, Monsieur, puisque votre patriotisme antisémite est plus aryen que français et que, pour vous, « il ne s'agit pas de vaincre, mais de combattre »; puisque votre cléricalisme vous porte à écrire des phrases comme celles-ci :

« Ah! que le saint roi Louis IX avait raison lorsqu'il laissait voir ainsi au sire de Joinville le fond de sa pensée et de son âme de chrétien sur la nature de l'esprit juif :

1. *Libre Parole* du 20 juillet 1892.

« Aussi vous di-je, fist le roys, que nulz, se
« il n'est très bon clers, ne doit desputer à
« eulz (avec les juifs); mais l'omme lay,
« quand il oy mesdire de la loy crestienne,
« ne doit pas deffendre la loy crestienne,
« ne mais de l'espée, de quoy il doit donner
« parmi le ventre dedens, tant comme elle y
« peu entrer[1]. »

Vous ajoutez, il est vrai : « Ce remède fut-il jamais le meilleur ?... J'en doute. » Et, comme si rien ne s'était passé en Algérie, vous vous écriez avec une innocence désarmante : « En France, qui voudrait battre un Juif ? » J'en arrive à me demander si les hurlements des assommeurs et les cris de détresse des assommés d'Algérie sont parvenus jusqu'à votre laboratoire, et si, vous étant parvenus, vous ne les avez pas pris pour une bagarre où juifs et protestants mettaient à mal de bons catholiques français. Il faut qu'il en ait été ainsi pour que vous ayez pu écrire de sang-froid : « Si mes pères avaient été chassés de France, ou brûlés vifs pour n'avoir point apostasié, je brûlerais très volontiers à mon tour et bannirais les descendants de nos bourreaux. Les protestants et les juifs se

1. *Campagne nationaliste*, p. 91.

vengent : ils ont raison de se venger, car c'est la justice, la seule justice immanente de l'histoire[1]. »

Vous n'êtes pas juif, mais vous acceptez la loi juive du talion, accommodée à la mode que je ne puis dire darwinienne, puisque Darwin ne peut être responsable des conclusions judaïques que des philosophes et des politiciens de réaction ont tirées de son œuvre. Quoi qu'il en soit, vous avez ignoré les cruautés de l'antisémitisme, les contradictions pratiques multiples de l'antisémitisme et du nationalisme, l'incohérence doctrinale du cléricalisme vis-à-vis du nationalisme, et réciproquement. Vous vous êtes jeté dans une bagarre sans connaître vos adversaires et vos alliés. Vous avez douloureusement stupéfié ceux-là, qui croyaient pouvoir compter sur vous, parce que vous avez mis votre existence au service de la science ; et vous avez gêné ceux-ci, parce que vous les avez voulus logiques et cohérents comme une conception de la pensée, alors que, pour vaincre, ils avaient besoin de l'équivoque, de la confusion et de l'obscurité.

1. *Campagne nationaliste*, p. 225.

XXIV

LE PRÉJUGÉ HÉRÉDITAIRE

C'est ici le lieu d'examiner la note que vous avez bien voulu m'adresser. Dans cette note, vous donnez les raisons d'être du nationalisme et vous motivez votre adhésion à cette doctrine politique. Voyons donc si nous y trouverons plus de lumières, ou si, tout au moins, les grossières contradictions et les répugnantes hypocrisies que, faits en mains, j'ai pu légitimement imputer au nationalisme peuvent y trouver leur justification et s'harmoniser dans un concept politique et social précis, défini, propre à constituer une existence publique normale.

Passons donc sur les contradictions que j'ai constatées. Aux yeux de qui en ignore les lois, la vie en mouvement, en actions et réactions incessantes, présente en effet des apparences contradictoires. D'autre part, les hypocrisies que j'ai relevées peuvent, après tout, n'être qu'une manifestation de la trop grande et trop permanente incapacité où nous sommes d'ajuster nos actes, tout relatifs, à la notion idéale du devoir.

Après avoir vu le nationalisme du dehors et par mes yeux, je vais donc essayer de le voir du dedans et par les vôtres. Peut-être trouverai-je dans votre note ce que j'ai vainement cherché dans votre livre.

Je vous donne la parole :

« Le nationalisme. — Pour moi, cette doctrine politique n'est que l'expression du tumulte des Gaules soulevé, en ces dernières années, contre les pires ennemis de la patrie, contre les Juifs et les internationalistes, Huguenots, Francs-Maçons, maîtres de toutes les places de sûreté en France.

« Le nationalisme, constitué par un faisceau d'opinions des plus hétérogènes — république, dictature, empire, royauté — n'a d'autre lien que le salut public, la sauvegarde des traditions et de l'honneur de la France, le règne de l'Église et de l'Armée.

« Si l'anarchie actuelle, qui assure aux Juifs l'empire des Francs, et prépare l'invasion et le démembrement de notre sol, venait à prendre fin par quelque coup d'État; si la France, comme les monarchies qui l'entourent, reprenait conscience d'elle-même, de son passé et de sa mission, dans le cerveau d'un chef, acclamé ou héréditaire — républicain, impérialiste ou royaliste — je n'en demeurerais pas moins nationaliste, c'est-à-dire Français de France avant tout.

« Le cléricalisme est de l'essence même du nationalisme, car ce sont les clercs, les évêques et les archevêques qui, bien plus que les fondateurs de nos trois dynasties de rois, ont fait la France. Le surnom de Capet tire son origine de la chape (*cappa*) de l'abbaye de Saint-Martin de Tours, dont les ducs de France étaient abbés. Tout nationaliste doit donc être un fils de l'Église, de foi ou de tradition, bref un clérical. Je le suis, encore qu'incroyant.

« C'est pourquoi j'estime que le tumulte soulevé dans la France entière par les basses et lâches persécutions religieuses d'un ministre que l'abbé Gayraud a flétri du nom de Judas à la tribune de la Chambre, est bien d'essence et de nature catholique. Ce mouvement de l'opinion publique n'est point sorti du libéralisme, ni des principes de la Déclaration des Droits de l'Homme et du Citoyen — principes qui restent ceux d'Israël et de ses instruments de règne, la franc-maçonnerie et le protestantisme — mais du vieil honneur ou de la foi héréditaire des catholiques français.

« Il est manifeste que les protestants et les francs-maçons ne sont que les instruments de la domination juive. La suprême habileté d'Israël a été, en France, de se servir des socialistes et des radicaux pour détruire les dernières institutions de ce pays, l'Armée, l'Église, les Finances, l'Université, la Magistrature, tous les organes de la vie et de l'existence même d'une nation. On ne peut même plus mettre en doute que la dégénérescence intellectuelle et morale des races françaises, intoxiquées d'alcool et infectées de littérature zoliste, ne soit l'œuvre propre, préparée et systématiquement réalisée, des seuls Juifs.

« Là est le secret de l'invasion et de la conquête définitive de la France par Israël. Seuls les Français ne le verront jamais, car ils ne possèdent aucun sentiment de la diversité des races humaines. Cette sorte d'anesthésie ethnique est d'autant plus frappante chez les gens de notre nation qu'elle n'existe ni chez les Germains, ni chez les Slaves, ni chez aucun autre peuple ou groupe de peuples, au moins au même degré. A cet égard, les Français sont même inférieurs à leurs chiens et à leurs chevaux qui discernent avec un sûr instinct les diverses races de leur espèce. »

Lecteurs, je vous fais juges : M. Jules Soury, en versant ce document au débat, apporte-t-il quelque chose de nouveau et que nous n'ayons pas encore aperçu? Convenez avec moi que ce morceau, très éloquent, est le résumé des opinions et des invectives que nous avons déjà examinées en citant abondamment les passages caractéristiques du livre de M. Jules Soury. Ce livre est composé d'articles de journal mis en ordre par leur auteur. Cette note n'est-elle donc qu'un article ajouté à ces articles? Oui et non. Oui, puisqu'elle n'apporte aucune clarté nouvelle. Non, cependant; car, résumant les articles qui l'ont précédée, elle nous met en contact avec la philosophie de l'histoire que s'est faite mon savant contradicteur.

Cette philosophie n'est pas nouvelle, d'ailleurs, tout au moins dans son fond. Joseph de Maistre et Bonald l'inspirent visiblement. Et une prétendue adaptation darwinienne s'y soude assez adroitement pour qu'on ait un instant l'illusion de l'unité et de l'homogénéité. Mais ce procédé de greffe artificielle n'est pas neuf, lui non plus. Lorsque, grâce aux travaux de Darwin, il ne fut plus possible de contester la théorie de l'hérédité biologique, les plus hardis d'entre les libéraux protestants en prirent leur parti et ne furent pas longtemps à trouver cette théorie dans la Bible, où Jéhovah élit un tel dans sa postérité la plus reculée et réprouve tel autre dans sa descendance la plus extrême. Des catholiques ont suivi le mouvement, et ce ne sont pas vos protestations, Monsieur, ni celles de M. Paul Bourget contre son abbé Chanut, qui empêcheront des prêtres avisés, comme l'abbé Denis, par exemple, d'ajouter les clés du laboratoire au trousseau de saint Pierre.

Il en est aujourd'hui de Darwin, d'Auguste Comte, de Spencer, comme il en fut d'Aristote au moyen âge. L'Église sait s'annexer les esprits qu'elle ne peut continuer de proscrire. Votre laboratoire inviolé, que vous tentez de séparer de l'oratoire, est voué, lui aussi, à l'annexion, et ce n'est qu'une question de temps. Oui, si le dogme dure, et vous faites ce qu'il faut pour lui assurer longue vie, nos petits-enfants recevront du prêtre les preuves de l'immortalité de l'âme par les extraits des travaux de M. Jules Soury sur le système nerveux central. Ces innombrables fils télégraphiques qui sillonnent notre organisme et dont vous nous montrez la correspondance avec le siège de toute sensibilité et de toute pensée, le prêtre les placera entre les mains du grand Télégraphiste supérieur et extérieur. Et vous n'y pourrez rien, et nous n'y pourrons rien.

D'avance, vous autorisez cela, en dépit des gestes effarouchés que vous faites lorsqu'un croyant s'avise de manier les outils du savant. Votre philosophie de l'histoire invite les gens de l'oratoire au viol du laboratoire. Je vous l'ai dit, et votre note me permet de vous le répéter avec une force nouvelle et accrue : vous liez étroitement le sort de la patrie française à celui de l'Église. Vous donnez à l'Église le mérite usurpé d'avoir créé la France. Selon vous, les gens qui combattent l'Église détruisent la France. Cette conception historique des Bonald et de Maistre, vous l'épousez si intimement, que, parlant des agresseurs de l'Église, vous en venez à penser en ligueur du XVIe siècle, à vous transporter en esprit et à vous croire en réalité sur le théâtre des dernières convulsions de la féodalité. Ne déclarez-vous pas, en effet, « les Juifs et les internationalistes, Huguenots, Francs-Maçons, maîtres de toutes les places de sûreté en France » ! Il est vrai que mon ami Pelletan occupe la place de

« Monsieur l'Amiral »; mais c'est la France, Monsieur, qui l'y a mis. Cette « place de sûreté », de sûreté nationale, pour la patrie et non pour une confession religieuse, c'est un chartiste qui l'occupe; aussi j'espère bien que, l'esprit de corps parlant haut en vous, vous n'allez pas vous pendre à la cloche de Saint-Germain l'Auxerrois pour l'en déloger.

Vous voyez, Monsieur, où m'entraînent vos rêveries archaïques. Pourtant, je voudrais parler sérieusement. Mais par quel bout prendre votre philosophie de l'histoire? Nous avons, dites-vous, une tradition nationale, et c'est de la rupture de cette tradition que viennent tous nos maux. Cette tradition est la tradition catholique. Vous-même ne lui accordez plus votre être entier; vous lui refusez même l'essentiel, votre âme pour tout dire, puisque vous vous déclarez incroyant. Mais il n'importe. D'autres croiront et prieront pour vous.

Or, cette tradition est menacée de rupture, rompue même en vingt endroits essentiels. Par qui? Par des incroyants comme vous. Par des gens qui, sûrement, ont puisé dans vos travaux scientifiques leurs motifs d'incroyance, de rupture avec la tradition. N'importe, passons encore là-dessus, encore qu'il faille passer par-dessus bien des choses et se livrer à une véritable désarticulation de l'esprit si l'on veut vous suivre.

Et qui accusez-vous de la rupture ? La naturelle et damnable curiosité humaine, qui, dès ses premières enquêtes, a constaté une contradiction entre les explications religieuses de l'univers et ce que la science nous apprend sur l'homme et son milieu ? Vous ne l'oseriez sans condamner la science et vous-même par-dessus le marché. Que faites-vous alors ? Vous vous en allez tout simplement dans le désert sémitique et vous en ramenez le vieux bouc émissaire de la légende juive. Vous chargez ce piteux animal de tous les péchés, non d'Israël, mais de tous les esprits curieux qui, de Galilée jusqu'à vous-même, ont poursuivi la vérité et détruit pièce à pièce les fondements de l'antique tradition religieuse proclamée par vous nécessaire à la vie nationale et sociale.

Mais n'allons pas trop vite, et revenons à votre traditionnalisme. Car vous le raisonnez, vous l'expliquez. Il n'est pas chez vous, comme il est parmi l'immense majorité, la répétition machinale, irréfléchie, des gestes ancestraux. Pour vous rattacher à lui, et vous y conformer, vous acceptez, quoique incroyant, le cléricalisme. Avec le profond regret d'être sorti de cet état d'inconscience, vous tentez de vous y replacer artificiellement, au moins par vos attitudes. C'est donc que vous attachez à la tradition, à l'hérédité, une importance capitale. Et c'est la science qui vous fait attacher une telle importance au phénomène d'hérédité, qui, socialement, s'exprime par la tradition.

Ici, vos raisons sont graves et semblent solides. Vous dites en effet : « La raison, pour être efficace dans l'économie politique et sociale des peuples, doit être devenue un « préjugé héréditaire », comme l'appelle Taine, c'est-à-dire un principe qui s'impose et qu'on ne discute ni ne démontre dans les manuels civiques ou dans les Universités. La raison raisonnante, celle qu'invoquent les protestants, les francs-maçons et les fondateurs de la morale laïque contemporaine, n'existe pas semblable à elle-même dans deux têtes pensantes ; elle se fait et se défait constamment : elle n'est pas. Lorsque, avec le temps, ce qu'il pouvait y avoir de réalité ou de vérité en elle se sera cristallisé, ce sera un « préjugé » comme la coutume, la religion, la raison d'État.

« Cela est *vrai* qui correspond à une adaptation du milieu interne au milieu externe. Si la correspondance cesse d'exister, c'est l'anarchie et la destruction fatale des organismes. La démocratie française (je ne dis pas la République française), au milieu d'États monarchiques fondés sur les institutions militaires, est une proie assurée à la conquête, à la lutte naturelle et nécessaire des nations pour l'existence, à la guerre éternelle[1]. »

Le passage que je viens de citer est précédé de celui-ci, par lequel vous vous justifiez d'abandonner aux prêtres le monde moral :

« On ne fonde pas, en effet, de morale sur la science, car la morale, simple expression des mœurs, est fondée tout entière sur le dressage héréditaire, qu'il s'agisse des animaux domestiques ou de l'animal qui en a domestiqué le plus grand nombre, l'homme. »

Ce que vous dites de la morale s'entend aussi de la politique. Vous les soumettez également au « préjugé héréditaire ». Et ainsi tout se tient et prend une apparence de cohésion. Le « préjugé héréditaire » exprime la tradition, et la tradition l'hérédité. Voilà donc établi le fondement scientifique du nationa-

1. Lettre à l'auteur, 4 juillet 1902.

lisme militaire et clérical. Examinons-en la solidité.

L'hérédité, je ne la conteste pas plus que je n'ai la prétention de contester toute évidence scientifique, c'est-à-dire d'observation ou d'expérience, qu'il vous plaira de m'imposer. Mais, si je crois à l'hérédité, je n'y veux pas croire à mon choix et arbitrairement. C'est à toute l'hérédité que je crois, et non à une hérédité de ma préférence. Supposez qu'un de mes aïeux ait massacré des protestants à la Saint-Barthélemy et qu'un autre, plus rapproché de moi, donc plus vivant en moi, ait pris la Bastille. Pourquoi voulez-vous que j'anéantisse en moi celui-ci au profit de celui-là ? Au nom de quoi me l'ordonnez-vous? Je veux bien vous obéir, mais je veux que vous me prouviez la légitimité de vos prescriptions.

Mon aïeul a eu peut-être tort de prendre la Bastille. Mais qu'y faire? Elle est prise, et bien prise. Après un siècle où l'humanité a plus changé — et vécu — qu'en dix, la « raison raisonnante » de cet aïeul est devenue en moi un « préjugé héréditaire ». Pourquoi voulez-vous que je le sacrifie au « préjugé héréditaire » qui poussa mon autre aïeul à égorger des hérétiques ? Est-ce parce que ce préjugé-ci, étant plus ancien, doit être plus vénérable? Mais, à ce compte, j'ai un autre ancêtre bien plus ancien, donc plus vénérable, donc plus impératif, qui se livrait au cannibalisme dans les forêts de la Gaule. Je dois donc... Ah! Monsieur, vous n'oseriez pourtant pas me conseiller d'obéir à cet ancêtre-là!

Me direz-vous qu'un homme et une nation sont choses différentes? Vous le pouvez moins que tout autre : votre science « une » impose en effet ses lois et applique ses méthodes uniformément, aux hommes comme aux mollusques, aux sociétés comme aux hommes. Vous devez donc tenir pour également vrai ce qui s'applique au citoyen et ce qui s'applique à la nation. Or, si j'ai deux hérédités, et même plus, la nation, a, elle aussi, deux hérédités au moins, je veux dire deux traditions : en l'espèce, la catholique et la révolutionnaire. Ces deux traditions se combattent, elles sont soumises à la loi de la lutte, qui est aussi réelle, aussi essentielle, que la loi de l'hérédité.

Pour vous, qui concluez de la nécessité biologique de la lutte à sa légitimité historique et sociale, ce conflit de nos deux traditions est donc aussi légitime que nécessaire. Pour vous, enfin, qui proclamez bienfaisante cette lutte, puisqu'elle assure la survie des plus aptes en éliminant les moins bien doués, c'est donc la tradition révolutionnaire qui doit recueillir votre suffrage scientifique, puisque la tradition catholique éprouve échec sur échec dans le combat politique et social actuel. Sinon, la théorie de la lutte pour l'existence, telle que vous l'entendez, n'a plus aucun sens.

Je vois bien par où vous allez tenter de vous échapper. Une nation, me direz-vous, a son milieu interne et son milieu externe, et « cela est *vrai* qui correspond à une adaptation du milieu interne au milieu externe ». La victoire de la tradition révolutionnaire sur la tradition catholique nous met, nous Français, en désaccord avec notre milieu externe. Plus la France sera dans cette tradition nouvelle, moins elle sera « en correspondance » avec le milieu externe, c'est-à-dire avec les « États monarchiques fondés sur les institutions militaires ». Elle deviendra donc « une proie assurée à la conquête, à la lutte naturelle et nécessaire des nations, à la guerre éternelle ».

Me faut-il donc vous apprendre, Monsieur, que notre « milieu externe » est en lutte interne, lui aussi, et que les « monarchies militaires » sont travaillées par le libéralisme et par le socialisme? Est-il possible que, sur ce chapitre, vous soyez moins informé que les humbles boutiquiers parisiens dont je vous ai rapporté fidèlement les propos, et qui aspirent logiquement à opposer l'internationalisme conservateur au socialisme international?

Vous voici donc enfermé par eux dans ce dilemme : ou, pour sauver la tradition de votre préférence, vous vous ferez internationaliste conservateur contre l'internationalisme socialiste; ou vous garderez la tradition catholique et conservatrice dans notre « milieu interne » tandis que notre « milieu externe » se sera constitué une atmosphère libérale et socialiste, et c'est alors nous, Français, qui serons les inadaptés. Dans le premier cas, qui devient votre nationalisme? Et, dans le second, à quoi sert-il?

XXV

L'HÉRÉDITÉ ET LA TRADITION

Apercevez-vous enfin, Monsieur, l'infirmité des déductions biologiques, lorsqu'on entend les employer, à l'exclusion de toutes autres, à l'explication des phénomènes politiques et sociaux? Pour si grande et délicate que soit la complexité du système nerveux de l'homme, elle n'approche pas, croyez-moi, de la complexité supérieure du système social. La sociologie, soyez-en bien persuadé, ne songe pas un seul instant à nier la loi de l'hérédité, ni à s'en refuser l'emploi. Et si, de notre temps, et sous l'influence de la philosophie du XVIIIe siècle, les théories fondées surtout sur l'éducation, l'adaptation, semblent avoir pris le pas sur celles qui reposent sur la tradition et l'hérédité, il n'y faut voir qu'un moment de l'éternel et nécessaire conflit entre l'hérédité et le milieu, grâce auquel tout être accomplit son évolution sur un plus vaste plan, ou disparaît faute d'avoir pu s'adapter.

Comme le dit M. Durkheim, « la foi à l'hérédité, si intense jadis, est aujourd'hui remplacée par une foi presque opposée. Nous tendons à croire que l'individu est en majeure partie le fils de ses œuvres et à méconnaître même les liens qui le rattachent à sa race et l'en font dépendre ; c'est du moins une opinion très répandue et dont se plaignent presque les psychologues de l'hérédité. C'est même un fait assez curieux que l'hérédité ne soit vraiment entrée dans la science qu'au moment où elle était presque sortie de la croyance. Il n'y a pas là, d'ailleurs, de contradiction. Car ce qu'affirme au fond la conscience commune, ce n'est pas que l'hérédité n'existe pas, mais que le poids en est moins lourd[1]. »

Il ajoute, et je suis pleinement de son avis, que « la science n'a rien qui contredise ce sentiment ». Écoutez bien, Monsieur, car ici nous touchons au cœur même de la question, et nous apercevons l'impasse où vous vous êtes engagé ; nous discernons en même temps les mobiles profonds, si profonds que sans doute ils sont ignorés de vous-même, qui

1. *De la division du travail social*, p. 296.

vous font douter de la raison, de la science, et vous portent à abandonner au prêtre et au soldat la direction morale et le gouvernement politique des sociétés humaines.

« L'homme ne dépend que de trois sortes de milieux, nous dit M. Durkheim : l'organisme, le monde extérieur, la société. Si l'on fait abstraction des variations accidentelles dues aux combinaisons de l'hérédité — et leur rôle dans le progrès humain n'est certainement pas très considérable — l'organisme ne se modifie pas spontanément : il faut qu'il y soit lui-même contraint par quelque cause externe. Quant au monde physique, depuis les commencements de l'histoire, il est resté sensiblement le même, si l'on ne tient pas compte des nouveautés qui sont d'origine sociale. Par conséquent, il n'y a que la société qui ait assez changé pour pouvoir expliquer les changements parallèles de la nature humaine.

« Il n'y a donc pas de témérité à affirmer dès maintenant que, quelques progrès que fasse la psycho-physiologie, elle ne pourra jamais représenter qu'une fraction de la psychologie, puisque la majeure partie des phénomènes psychiques ne dérivent pas de causes organiques... Par conséquent, de ce qu'il y a une vaste région de la conscience dont la genèse est inintelligible par la seule psycho-physiologie, on ne doit pas conclure qu'elle s'est formée toute seule et qu'elle est, par suite, réfractaire à l'investigation scientifique, mais seulement qu'elle relève d'une autre science qu'on pourrait appeler la socio-psychologie[1]. »

Voilà, du coup, votre science particulière, la psycho-physiologie remise à sa place, à sa vraie place, dans la hiérarchie des sciences. Et la voici, du même coup, prenant une signification et concourant à un objet général et humain. C'est sur elle que la sociologie fera reposer ses assises les plus sûres. Et cette « vaste région de la conscience », dont parle M. Durkheim, cessant de vous être inintelligible, vous n'aurez plus aucun motif de l'abandonner à l'inconscient, à la tradition, représentés par le prêtre et le soldat.

Et voyez comme M. Durkheim sait aller au-devant de vos objections : « Sans doute, dit-il, il serait exagéré de dire que la vie psychique ne commence qu'avec les sociétés ; mais il est certain qu'elle ne prend de l'extension que quand les sociétés se déve-

1. *Division du travail social*, pp. 340-341.

loppent. Voilà pourquoi, comme on l'a souvent remarqué, les progrès de la conscience sont en raison inverse de ceux de l'instinct... La conscience n'envahit que les terrains que l'instinct a cessé d'occuper ou bien ceux où il ne peut pas s'établir. Ce n'est pas elle qui le fait reculer ; elle ne fait que remplir l'espace qu'il laisse libre. D'autre part, s'il régresse au lieu de s'étendre, à mesure que s'étend la vie générale, la cause en est à l'importance plus grande du facteur social. Ainsi, la grande différence qui sépare l'homme de l'animal, à savoir le plus grand développement de sa vie psychique, se ramène à celle-ci : sa plus grande sociabilité[1]. »

Comparez ce passage, Monsieur, à celui de votre note, où vous déclarez les Français « inférieurs à leurs chiens et à leurs chevaux », parce que ces animaux « discernent avec un sûr instinct les diverses races de leur espèce ». Les chevaux et les chiens, on les dresse ; d'eux-mêmes, ils ne feraient que reproduire les actes ancestraux sous la poussée de l'instinct. Et qui les dresse? L'homme. Et l'homme, lui, qui le dresse ? Admettons avec vous que ce soit un Bismarck[2]. Mais qu'est-ce

1. *Division du travail social*, p. 338.
2. *Campagne nationaliste*, p. 124.

qu'un Bismarck, ou tout autre dresseur d'hommes? Un homme lui-même. La variabilité se mesure au degré de sociabilité et l'homme, étant l'être le plus social, peut, selon M. Durkheim, exercer son action modificatrice sur le milieu et sur lui-même à la mesure de sa sociabilité.

« On peut, dit-il, mesurer l'importance du legs héréditaire pour une espèce donnée d'après le nombre et la force des instincts. Or, il est déjà très remarquable que la vie instinctive s'affaiblit à mesure qu'on monte dans l'échelle animale [1]. »

Il ajoute qu'en effet « il est démontré que l'intelligence et l'instinct varient toujours en sens inverse l'un de l'autre. Nous n'avons pas, pour le moment, à chercher d'où vient ce rapport ; nous nous contentons d'en affirmer l'existence. Or, depuis les origines, l'intelligence de l'homme n'a pas cessé de se développer ; l'instinct a donc dû suivre la marche inverse. Par conséquent, quoiqu'on ne puisse pas établir cette proposition par une observation positive des faits, on doit croire que l'hérédité a perdu du terrain au cours de l'évolution humaine [2]. »

1. *Division du travail social*, p. 310.
2. *Id.*, p. 312.

Pas plus que l'auteur de la *Division du travail social*, je ne me permettrai d'affirmer que « l'hérédité a perdu du terrain au cours de l'évolution humaine », mais il me suffit de constater que, si les caractères biologiques de l'individu social ont peu varié dans une assez longue série de siècles, nous avons vu en revanche que les caractères qu'il a acquis du milieu ou que le milieu lui a imposés sont, comme nombre et comme intensité, en rapport direct avec non seulement les variations de ce milieu, mais encore son action sur ce milieu.

Il y a peu d'écart entre la structure physique d'un Papou et d'un Fuégien, d'une part, et celle, d'autre part, d'un Français et d'un Allemand. Mais, tandis que, pour ceux-là, il y a soumission passive et automatique à l'universel déterminisme, il y a, pour ceux-ci, adhésion et conformité réfléchie. Ceux-là sont asservis à l'instinct, et ceux-ci le dirigent et, au besoin, le contrarient. Ceux-là agissent par réflexes, ceux-ci raisonnent leurs actes. Ceux-là se croient libres et sont incapables de se déterminer. Ceux-ci, connaissant les lois de leur organisme et de leur milieu, sont réellement libres, au sens relatif, c'est-à-dire social, du mot; ils se déterminent au mieux et ils étendent leur action modificatrice sur le milieu social et cosmique.

Dites-moi ce qu'il reste, chez un peuple civilisé, au bout d'une incessante action modificatrice dans l'ordre moral, industriel et politique, des traditions que leur peu de sociabilité impose encore aux primitifs éparpillés dans les déserts de l'Australie et de la Terre de Feu !

XXVI

L'ABDICATION INTELLECTUELLE

Nous pouvons, à présent, reparler de votre bouc émissaire. Pour le catholique orthodoxe, c'est le diable, cette face ironique et méchante de son dieu *bifrons*. Comme vous n'êtes ni orthodoxe, ni même catholique, quoique clérical, cette ressource vous manque. Vous ne pouvez, en effet, expliquer la Réforme et la Révolution française, et toutes les ruptures de tradition qui s'en sont suivies, par l'intervention maléfique de Satan. Pourtant, l'explication est si commode ainsi. Elle dispense si bien de remonter aux causes historiques, elle autorise si pleinement les aspirations de retour au passé, que ce serait grand dommage de s'en priver.

Cette pensée vous domine si bien à votre insu que nous vous surprenons faisant en sens inverse l'opération des exégètes qui tentèrent d'accorder Darwin et la Genèse. Votre

« Malin » ne sera pas le fantôme cornu qui joue l'humanité à pile ou face avec son partenaire divin; ce sera le juif.

Et tous les péchés de l'histoire, vous les accumulerez sur son dos. C'est lui, avec sa Bible, qui a soufflé l'esprit d'examen aux protestants; lui, porte-balle de libelles séditieux, qui a poussé le peuple à la révolte de 1789; lui, mystérieux errant, qui a fondé les loges maçonniques où, sous l'œil flamboyant de Jéhovah, se conspire la ruine de toutes les traditions.

Mais vous ne pouvez dire tout de go, parlant de tant de méfaits historiques : c'est le juif! Cela ressemblerait trop au : « c'est le diable! » du mystique, ou au : « c'est le chat! » de l'enfant. A quoi servirait la science, sinon à renforcer les préjugés séculaires, je veux dire les traditions, et à donner une apparence de raison aux explications du mystère par le mystère!

Les croyants ont ajusté Darwin à la Genèse; l'incroyant que vous êtes ajustera le préjugé à la science. Votre théorie de l'hérédité justifiera les haines et les hostilités de race, qui sont surtout des conflits religieux et économiques. Seulement, pour qu'il y ait, appliquée aux fils de notre civilisation, une théorie des races, il faut au moins que la théorie de l'hérédité se tienne debout.

Or, il est, je crois, suffisamment démontré, que, hors du domaine de la physiologie ou, si vous y tenez, de la psycho-physiologie, la théorie de l'hérédité est sinon de nul secours, du moins d'une importance décroissante à mesure que la sociabilité élève l'individu humain à un plan supérieur d'évolution. Tous les faits observés me portent à croire, avec M. Durkheim, que « les phénomènes sociaux dérivent de causes sociales et non de causes psychologiques; que le type collectif n'est pas la simple généralisation d'un type individuel, mais qu'au contraire celui-ci est né de celui-là[1] ».

Parmi les faits observés qui me rattachent fortement à cette manière de voir que j'ai exprimée de mon mieux dans un de mes ouvrages[2], je puis citer votre propre cas, Monsieur, et les mouvements politiques et sociaux qui vous ont fait sortir de votre laboratoire et vous mêler activement à la vie publique. En effet, vous avez tiré de votre science spéciale, qui ne dépasse pas la con-

1. *Division du travail social*, p. 318.
2. *Essai sur l'individualisme.*

naissance du mécanisme mental de l'individu, une philosophie forcément sommaire, incomplète, forcément erronée. L'histoire même est devenue inintelligible pour vous et, d'avoir méconnu le passé au point de ne voir, dans la Révolution française, qu'une œuvre de synagogue, vous vous êtes rendu incapable de vous reconnaître dans les agitations du temps présent.

Et les plus formidables contradictions ne vous ont ni averti ni retenu. Homme de savoir, vous vous êtes mis à côté des hommes d'ignorance; vous qui gardez un doute salutaire devant les preuves de la science, vous avez accueilli sans contrôle les plus ridicules et les plus néfastes légendes; vous êtes devenu la contradiction faite homme.

Il fallait, aux esprits studieux, votre exemple, Monsieur, pour les garder de systématiser leur conception du monde moral et social sur une fraction de la connaissance. Désormais, quand nos ingénieurs voudront construire un pont de fer, ils sauront qu'il ne suffit pas d'avoir appris la géométrie. Je crois qu'ils s'en doutaient déjà; mais les savants qui voudront faire de la politique, théorique et pratique, apprendront, avant de s'en mêler, à placer leur science particulière au plan qui convient dans la série des connaissances qu'ils auront à acquérir ou à utiliser. J'aurais voulu de tout mon cœur, croyez-le bien, qu'un autre que vous servît à fournir cette démonstration décisive.

Après tant de preuves données au cours de ce travail, je voudrais vous en apporter encore pour établir à vos regards, non que le nationalisme est une entreprise de rétrogradation politique et sociale, mais que nul esprit scientifique ne peut, sans déchoir, lui apporter son adhésion. Le nationalisme, ce « tumulte des Gaules », comme vous l'appelez, n'est pas né de l'affaire Dreyfus, ainsi que vous semblez le croire. C'est, au contraire, l'affaire Dreyfus qui est née du nationalisme. Et elle ne pouvait surgir, développer toutes ses conséquences, que lorsque le nationalisme aurait achevé son évolution du patriotisme pur et simple à la trouble et complexe réaction politique et sociale, évolution dont j'ai indiqué les causes et noté les phases dans les premiers chapitres de ce livre.

Il y a eu, avant l'affaire Dreyfus, des affaires de trahison. Avant ce juif innocent, il y a eu des coupables, dont aucun n'était juif. Pour ne remonter qu'à trente ans, le premier en date, le plus illustre, le plus coupable, le plus funeste a été le maréchal Bazaine. Sa grâce, puis son évasion ont-elles suscité, dans ce pays encore tout saignant de la défaite, tout frémissant de la trahison, la centième partie des fureurs dont nous avons vu l'explosion et subi le choc au cours des quatre années écoulées?

Et à vous, savant, homme de réflexion par conséquent, ce rapprochement ne s'est pas imposé! Vous étiez déjà un homme à l'époque où fut jugé Bazaine à Versailles. Avez-vous entendu, alors, les patriotes, les républicains — car, à cette époque, les républicains voulaient la guerre à outrance et les conservateurs la paix à tout prix — les avez-vous entendus dire de M. de Cassagnac, qui croyait à l'innocence de Bazaine, ce que *la Libre Parole* devait dire, en mai 1898, d'Émile Zola traîné devant la cour d'assises de Versailles et traqué par la foule :

« La vérité est en marche et Zola en fuite, alors qu'il y a dans les bois environnants de si belles branches, naturelles potences! »

A-t-on mis alors le condamné à la double boucle comme vous trouvez légitime qu'on y ait mis Dreyfus? A-t-on dit alors : Bazaine est catholique, tous les catholiques sont des traîtres à la patrie? A-t-on vu alors les synagogues, les consistoires et les loges maçonniques mener une campagne de presse et traîner le duc d'Aumale dans la boue jusqu'à ce qu'il décidât ses collègues du conseil de guerre à prononcer la condamnation du traître?

Depuis Bazaine, une demi-douzaine de traîtres avérés ont été condamnés : l'adjudant Châtelain, le sergent Bolot, le capitaine Triponé, le sergent Glener, le capitaine Guillot, tous catholiques, à l'exception de Triponé, qui est protestant. La moindre allusion à leur race ou à leur religion a-t-elle été faite? Non, car le nationalisme n'avait pas encore atteint son développement complet, n'avait pas encore déformé la mentalité collective et ne s'était pas encore identifié à la réaction religieuse, politique et sociale la plus obscure.

Est-ce seulement en France que nous pouvons constater que tout retour à l'instinct est une régression de l'intelligence, et que les impulsions du chauvinisme ont pour effet de « ruiner l'esprit civique » dans les peuples qui s'y abandonnent? L'exemple illustre de Mommsen est là pour nous instruire. En se faisant le théoricien du germanisme à outrance, il avait cru agir en patriote. L'échec du *Gœthebund* lui ouvrit les yeux, et il dut constater que tout le terrain gagné par le caporalisme, le bismarckisme, avait été perdu pour l'esprit civique de son pays; et il en fit courageusement son *meâ culpâ.* « Les vieillards, lorsqu'ils sont des savants, ont souvent, en dépit de leurs erreurs, la grâce de quelques coups de lumière qui leur déchirent les voiles dont ils s'enveloppaient[1]. »

Serez-vous insensible, Monsieur, à l'avertissement que vous donne le grand historien allemand? Attendrez-vous d'avoir perdu toute faculté d'observation et tout sens critique? Les sciences historiques, quand elles sont pratiquées par des esprits étroits, présentent ce péril de donner l'amour du passé et de déformer la vision du présent. Il faut au contraire fort peu de philosophie à ceux qui se vouent aux sciences naturelles pour échapper à cette saisie du vif par le mort.

Mommsen est un grand esprit, mais vous en êtes un autre; et c'est pourquoi je me permets de ne pas désespérer de vous.

Et cela me donne force et courage pour continuer à vous indiquer tous les postulats faux ou scélérats qui se sont imposés à l'homme de haute culture intellectuelle et

1. Louis Forest, *l'Antimilitarisme en Allemagne.*

morale que vous êtes. Je ne veux pas refaire ici l'historique de l'affaire Dreyfus. Cet historique tient pour moi dans la sténographie des procès Esterhazy et Zola, dans celles du procès en revision à la Cour de Cassation et des audiences du conseil de guerre de Rennes.

Il faut bien que vous n'ayez pas lu ces documents, puisque vous invoquez encore les « millions dont a parlé M. de Freycinet devant le tribunal de Rennes[1] », puisque, précisant, vous vantez « la sûreté infaillible de l'instinct de conservation sociale et de défense nationale » de *la Gazette de France* pour avoir écrit, à la date du 10 septembre 1900 :

« Il y a un an, Freycinet affirmait à la France que l'Étranger avait constitué, à la connaissance de nos agents officiels, un fonds de plus de TRENTE MILLIONS, *pour aider ceux qui faisaient la campagne avec Dreyfus contre notre armée*. » C'est bien un anniversaire aussi[2].

Et de cette affirmation, quelle preuve nous donnez-vous ? L'affirmation du général Mer-

1. *Campagne nationaliste*, p. 95.
2. *Id.*, p. 85.

cier. J'oublie que le général Mercier n'a été sauvé des conséquences judiciaires de sa forfaiture que par l'amnistie votée par les Chambres. J'oublie l'intérêt direct, personnel, matériel autant que moral, qu'il avait à obtenir du conseil de guerre une nouvelle condamnation de Dreyfus. J'accorde que ce témoignage ne vous soit pas suspect; mais nous verrons plus loin pourquoi vous nous imposez ce postulat invraisemblable.

Mais il y a le témoignage de M. de Freycinet, qui, sur ce qu'a dit M. de Freycinet, vaut mieux que ce qu'en rapporte M. Mercier. Donc, sur ce qu'a dit ou cru M. de Freycinet, ce n'est pas le général Mercier qu'il faut interroger, mais bien M. de Freycinet. C'est bien votre avis, d'ailleurs, puisque vous nous apprenez que M. de Freycinet « a parlé » des millions du syndicat « devant le tribunal de Rennes ». Eh bien, interrogeons M. de Freycinet.

Au cours de l'audience du 29 août 1899, interrogé sur ce point, l'ancien ministre de la guerre commence par déclarer qu'il ne veut pas « laisser subsister un élément de polémique ». Avec sa fugacité coutumière quand on le met en face d'un oui ou d'un non à prononcer, il ajoute *qu'il a pu* parler au général Jamont du *mouvement* qui se faisait à l'*étranger* en faveur de la campagne dreyfusiste. Et il termine par cette phrase :

« La campagne est très désintéressée en France, *j'en suis certain*, mais moins désintéressée à l'étranger. »

Me Labori lui demande alors s'il connaît un seul fait lui permettant d'attribuer un rôle à l'argent étranger. Et M. de Freycinet, en témoin correct, de répondre au tribunal :

« Non, Monsieur le Président, je n'en connais pas. »

Pour tout esprit qui n'a pas renoncé à raisonner, il apparaît donc clairement que, si M. de Freycinet a parlé de la constitution d'un fonds de plus de trente millions par l'étranger et dit que l'existence de ce fonds a été constatée par nos agents officiels, il a fait un faux témoignage en rétractant ce dire devant les juges de Rennes. Et comme vous n'accusez pas M. de Freycinet d'être un faux témoin, puisque, au contraire, vous invoquez son témoignage, je vous laisse apprécier vous-même la valeur de ce témoignage.

M. de Freycinet a dit, en effet, trois choses : 1° la campagne en France a été désintéressée ; 2° elle l'a été moins à l'étranger ; 3° je ne connais aucun fait qui me permette d'attribuer un rôle à l'argent étranger. Qu'est-ce que cela veut dire? Ceci : que l'étranger a donné de l'argent à l'étranger pour soutenir la cause de Dreyfus, mais que M. de Freycinet n'en a aucune connaissance, ni par nos agents officiels, ni par d'autres personnes.

Pour ne pas trop contredire un de ses propos grossi et inexactement rapporté, M. de Freycinet a pu, par trop d'habileté, dire cette sottise : L'étranger donne de l'argent à l'étranger pour que les Français,qui tiennent Dreyfus, l'innocentent et le relâchent. Mais il n'a dit qu'une sottise, et vous n'aviez pas le droit, sans abdiquer toute prétention au raisonnement, de transformer cette sottise en une accusation formelle. Et pourtant vous l'avez fait. S'il s'était agi de choses de laboratoire, vous seriez allé aux preuves, et ne vous seriez pas laissé tromper aussi grossièrement.

Car vous avez été mystifié, Monsieur ; vous avez accepté d'être mystifié jusqu'au bout. Je n'ai pris dans l'affaire Dreyfus qu'un fait ; j'en pourrais prendre mille. Veuillez appliquer, je vous en prie, avec toute votre probité de savant, vos méthodes d'investigation à l'étude des documents officiels que je vous ai signalés plus haut, et vous aurez l'occasion de faire une rétractation autrement utile, autrement salutaire, plus hautement scientifique que celle que vous avez faite, au moment de votre conversion au nationalisme, sur la névrose de Jésus-Christ. « J'ai, dans une troisième édition, dites-vous, remanié cet ouvrage (il s'agit du livre intitulé : *Jésus et les Évangiles*, et qui porte désormais ce titre : *Jésus et la Religion d'Israël*) en ce sens que j'en ai fait disparaître un diagnostic médico-psychologique reposant sur des interprétations et des textes évangéliques qui m'ont paru sans force... Je regrette cet essai de psychologie morbide : il a blessé des croyances religieuses que je vénère d'amour filial, encore que je n'aie pas la consolation de les partager[1]. »

Pour la vérité, Monsieur, qu'il faut aussi, et surtout, aimer et vénérer, j'attends votre rétractation sur le témoignage de M. de Freycinet devant le tribunal de Rennes. Mais que dis-je! c'est votre livre entier qui est à rétracter.

1. *Campagne nationaliste*, pp. 42-43.

XXVII

LA RAISON D'ÉTAT

Il y a donc une raison plus haute que votre raison individuelle, plus impérieuse que votre science, qui vous a contraint de faire taire à la fois l'une et l'autre et de les incliner devant elle. La raison d'État est en effet votre seule excuse pour tant de contradictions et pour tant de fautes contre le sens critique le plus élémentaire. Cette excuse, vous ne l'invoquez pas explicitement dans votre livre, mais l'analyse que nous venons de faire de ce que je me permets d'appeler votre bio-sociologie impose irrésistiblement cette conclusion.

Si vous ne placiez pas la raison d'État au-dessus de la raison, au-dessus même de la science, tout au moins dans le gouvernement des sociétés — et c'est là seulement qu'elle peut avoir affaire — vous seriez inexcusable autant qu'inexplicable. Qu'ai-je besoin d'ailleurs de tant m'évertuer à vous en affirmer partisan! Quand on ne croit point à la raison d'État, on ne demande point un coup d'État. Or, non seulement le coup d'État ne vous répugne pas, mais encore vous l'appelez de tous vos vœux à chaque feuillet de votre livre.

D'autre part, votre concept rétrograde, traditionnaliste, serait incomplet, il manquerait quelque chose à sa logique, à son homogénéité, si vous réprouviez la raison d'État.

La science, sous l'angle réduit où vous l'apercevez, loin d'y contredire, semble au contraire lui apporter son secours.

Si nous sommes, nous individus, les cellules de l'organisme social, cet organisme — entendez ceux qui sont les plus aptes à le diriger — a le droit de sacrifier la cellule à l'organisme, l'individu à l'espèce ou à la société. Et comme vous déclarez que seuls le prêtre et le soldat sont aptes à nous diriger, ceux-ci, mis par vous en possession de l'autorité et du pouvoir, ont donc qualité pour contraindre à observer leurs disciplines matérielles et mentales les citoyens qui prétendent délibérer leurs actes privés et publics.

A cet objectivisme social, auquel il est nécessaire d'enlever son caractère pseudo-scientifique, j'ai opposé, dans un de mes ouvrages, ce que j'appelle « le subjectivisme humain, puisque c'est finalement à nous que se rapporte toute observation scientifique, si désintéressée soit-elle ». Pour faire court, permettez-moi de me citer :

« Il se pourrait que la cellule fût un être autonome et pensant. Il se pourrait que la société eût également de tels attributs et facultés. Cela fût-il, nous ne pouvons en avoir cure. Nous savons que nous sommes, nous, des êtres autonomes et pensants, et de cela surtout, et seulement, nous nous soucions. La cellule, en effet, n'existe pour nous que parce que nous existons et qu'elle est censée constituer notre individualité. La société, de même, n'existe pour nous que parce que nous existons et qu'elle est la réunion de nos individualités particulières. C'est donc à nous, à l'individu humain, que tout se rapporte : la société comme la cellule. Lorsque, par la nutrition, la médication, l'hygiène, nous maintenons l'association harmonique de nos cellules, ce n'est pas pour elles, mais pour nous, pour que notre individu soit bien portant. De même, lorsque nous protégeons la société contre les causes de destruction intérieure et extérieure, lorsque nous la perfectionnons par le moyen des lois, ce n'est pas pour elle, mais pour nous, pour que chaque individu soit plus libre et plus heureux[1]. »

Dira-t-on que ce subjectivisme humain n'ôte à la société aucun de ses droits sur l'individu et que, si une cellule sociale menace la santé de l'organisme tout entier, celui-ci peut éliminer ce ferment de dissolution ? J'en tombe volontiers d'accord, nul individu ne devant s'opposer à la société, à ses fins générales qui sont l'ensemble des fins particulières de tous les individus, du moins idéalement. Mais qu'est-ce que la mise en harmonie des fins particulières, sinon la justice ?

Donc, les fins générales ne peuvent s'opposer à la totalité des fins particulières, ni même à une seule d'entre elles, si la poursuite de celle-ci s'est opérée selon les règles de la justice. L'individu qui n'est pas sorti de son droit ne peut donc pas être sacrifié au nom du droit de tous. Il y a bien un droit individuel et un droit social, comme il y a un intérêt individuel et un intérêt social. Mais le propre de la justice, exprimée par les lois, est précisément de reconnaître et de fixer l'accord

1. *Essai sur l'individualisme*, pp. 14-15.

du droit individuel et du droit social, qui deviennent à mesure plus semblables, et qui se confondront dans une identité finale lorsque la socialité humaine se sera achevée.

En attendant, il y a différence, réciprocité, entre le droit individuel et le droit social, mais il ne peut y avoir opposition de l'un à l'autre. Si on les oppose, ce ne peut être que d'une manière tout artificielle et en prenant pour le droit ce qui n'est que l'arbitraire.

En effet, un voleur peut dire : J'ai le droit de voler. Mais nous savons que voler n'est pas un droit et qu'en réprimant le vol c'est au contraire la société qui est dans son droit, c'est-à-dire qui assure le droit de tous, donc de chacun, à n'être pas volés impunément. Le droit du voleur n'est donc que son arbitraire.

Inversement, la société peut dire : J'ai le droit de sacrifier un innocent. Mais nous savons que cette atteinte au droit d'un individu ne peut pas sauvegarder les droits des autres individus, puisqu'alors nul ne pourra plus se croire en sécurité et, effectivement, n'y sera plus. Le droit de la société à violer le droit individuel n'est donc que l'arbitraire, c'est-à-dire une double négation du droit individuel et collectif.

Or, qu'est-ce que la raison d'État? Évidemment quelque chose de distinct de la justice et du droit, quelque chose même qui s'y oppose absolument. C'est donc, non le droit et la justice, qui sont permanents dans leurs formes changeantes, mais un moyen de temps et de milieu, et qu'on adopte parce qu'on croit que le droit et la justice sont insuffisants pour assurer le salut commun, c'est-à-dire la conservation et l'homogénéité du corps social. Cette croyance est fausse et pernicieuse à la mesure même du développement des sociétés auxquelles on l'applique.

Plus, en effet, les notions de droit et de justice y sont développées, et plus la raison d'État et ses moyens : coup d'État, dictature, suspension des droits individuels et collectifs, sont anormaux et dangereux. Seule la violence peut imposer un tel régime, et ce régime trouve nécessairement en face de lui la violence et le droit unis pour le détruire.

En sorte que ceux qui recourent à de tels moyens pour imposer leur conception particulière de l'ordre, ou pour s'opposer au développement d'un ordre qui n'a pas leur agrément, appellent contre leur arbitraire, non seulement les révoltes du droit, mais encore celles de tous les arbitraires individuels et collectifs possibles; ils créent donc un état de désordre moral et politique que la société ne pourrait supporter longtemps sans périr dans les pires convulsions.

Dans l'armée comme dans l'Église, l'ordre ne se maintient que par des disciplines non délibérées. La notion du droit individuel n'est évidemment pas plus absente de ces corps que de toute autre collectivité humaine. Mais, comme dans les collectivités humaines qui ne fondent pas leur statut sur la délibération, le droit individuel y est subordonné au salut commun. C'est ainsi qu'un général, pour sauver son armée, ordonnera à un régiment de se sacrifier. Il en est de même du petit au grand : un soldat puni injustement ne peut pas protester avant d'avoir « fait » sa punition.

Mais l'armée n'est pas une société : elle est un organe spécial de la société, un arc toujours tendu non pour sa propre défense, mais pour la défense de la nation. Les disciplines d'une armée ne peuvent donc pas plus servir de lois à une société que les règles du jeu d'échecs ne peuvent être utilisées en matière de contrats civils ou commerciaux.

Dans les corps où l'autorité ne se discute

pas, qu'il s'agisse de l'Église ou de l'armée, la pensée est nécessairement aussi asservie que les gestes pour chacun des individus qui en font partie. Tout l'espace que n'occupent pas la délibération et le droit individuel est envahi par l'obéissance et par l'arbitraire. Tout ordre donné découle ainsi d'une source mystique, puisque ceux qui le donnent sont dispensés de le motiver. Les secrets de métier ont disparu avec les maîtrises; mais les secrets de l'armée et de l'Église durent toujours, et l'on peut abriter derrière eux tout ce que l'on est impuissant à motiver selon les lumières de la raison ou les prescriptions de l'équité.

Il a fallu le mysticisme de notre militarisation à outrance pour mettre une notable partie du peuple français dans l'état d'effervescence où il fut lorsqu'on lui fit croire que les secrets de notre mobilisation avaient été livrés à une puissance étrangère. D'un sentiment réfléchi comme doit l'être le patriotisme, s'il veut être éclairé et servir utilement la conservation nationale, le militarisme scolaire et le caporalisme de la caserne ont fait l'instinct brutal et agressif qui s'exprime aujourd'hui par le nationalisme. Les Hébreux gardaient précieusement dans l'arche quelques ossements desséchés, vestiges des sacrifices humains d'antan. L'armée, la nation armée, se laisse mystifier par l'arche sainte de l'État-Major.

Vous avez invoqué le témoignage d'un homme qui fut à diverses reprises à la tête de l'armée. Vous l'aviez invoqué à la légère, Monsieur, puisque ce témoignage s'est tourné contre vous. Voyons si j'aurai plus de chance.

Je demande à M. de Freycinet s'il y a des secrets militaires — c'est précisément M. Marcel Sembat, votre ancien élève, qui lui a posé la question — et M. de Freycinet, ministre de la Guerre, répond :

« En dehors des questions d'explosifs, quand l'explosif vient d'être inventé, d'un type de nouveau canon ou de nouveau fusil, pendant les deux ou trois années qui suivent l'invention, et pendant lesquelles il y a des secrets, en dehors de cela, il n'y en a que fort peu.

« ... La mobilisation, dans son ensemble, est écrite sur le territoire. Les voies ferrées, les voies de débarquement, les stations magasins, les magasins de concentration : ce sont autant de jalons de la mobilisation ; tout le monde les connaît et nous ne pouvons pas l'empêcher[1]. »

1. *Journal Officiel* du 12 mars 1899.

D'ailleurs, il en est de ce myticisme militariste comme de la vocation des officiers bien apparentés qui fuient également les postes coloniaux, où l'on se bat, et les postes de la frontière, où l'on prépare sérieusement la défense de première ligne. Le journal de M. Jules Lemaître gourmandait, il y a quelque temps, le ministre de la Guerre, pour n'avoir pas accepté, « sous prétexte de secrets d'État, de soumettre les modèles » de nos canons à un délégué militaire de la république Argentine, qui dut s'adresser aux constructeurs allemands.

Lâchant cyniquement le dogme intangible des secrets militaires, le rédacteur du journal nationaliste disait :

« Les faits que m'a rapportés le colonel Duclos sont, à deux points de vue, très significatifs. Au moment, en effet, où le Chili et l'Argentine s'accordent pour un désarmement mutuel, il est intéressant d'apprendre que l'Argentine commande, en Allemagne seulement, pour 80 millions d'armes et de munitions.

« En second lieu, pour nous Français, ils démontrent une fois de plus avec quelle assiduité la haute administration actuelle s'applique à desservir les intérêts du pays, et cela pour le plus grand profit de nos voisins d'outre-Rhin[1]. »

Comment trouvez-vous ce défenseur des secrets de l'État-Major, qui se plaint de la « méfiance exagérée » du ministère de la Guerre ! Faut-il que le nationalisme, avec son mysticisme et ses mystifications, ait abaissé la mentalité de ses adhérents, pour qu'un de ses journaux puisse se démentir aussi grossièrement! Quoi! l'on a affolé une bonne moitié de la France avec la légende des secrets militaires, et l'un des journaux qui ont le plus accrédité cette légende, celui-là même qui fut l'organe de l'État-Major au temps de l'affaire Dreyfus, vient nous dire aujourd'hui qu'on a mal fait de ne pas confier à un officier étranger des secrets gardés si jalousement! Faut-il donc croire que, mis en balance dans l'esprit d'un nationaliste, l'intérêt de quelques grands industriels français doit l'emporter sur l'intérêt de la défense nationale! Étrange religion que celle du nationalisme, dont les prêtres sont les premiers à n'avoir point la foi, et à la démolir dans l'esprit des fidèles!

Nous voici revenus, sans détours, à la raison d'État. Car, des déclarations de l'ancien

1. *Echo de Paris* du 5 juin 1902.

ministre de la Guerre et des doléances du journal militariste, on est forcé de conclure que, dans l'affaire Dreyfus, les secrets d'État n'ont pas été invoqués pour conserver intacte notre force de défense nationale, mais pour sauver le corps militaire du discrédit où l'eût jeté l'aveu d'une erreur judiciaire maintenue par les moyens les plus criminels. C'est donc la raison d'État militaire qu'il s'agissait d'abriter derrière la raison d'État nationale, derrière la fausse doctrine du salut public.

Eh bien, mais cela nous est connu au moins depuis Pascal. Toutes les corporations fondées sur le mystère et sur l'obéissance passive en sont là, de sacrifier l'individu et son droit à leur « intérêt supérieur », identifié pour la circonstance à l'intérêt public ou à la gloire de Dieu.

Pourtant, comme elles sont tout de même, dans une certaine mesure, sous le contrôle de l'opinion publique, elles recouvrent des apparences de la justice le sacrifice qu'exige l'esprit de corps. Si ces apparences menacent de faire défaut, on les rétablit artificieusement, la souveraineté du but absolvant d'avance la scélératesse des moyens.

C'est ce qu'on a fait pour l'infortuné Dreyfus. Il importait à l'honneur de l'armée, et vous savez si, dans cette affaire, « l'honneur de l'armée » a été souventes fois invoqué! — il importait aux desseins de l'Église que Dreyfus le juif fût coupable. L'« armée » — c'est-à-dire les chefs incapables ou négligents auxquels se joignirent presque tous les autres chefs, par esprit de corps — l'armée voulait un coupable, quel qu'il fût, pour que sa punition rassurât les citoyens qu'avaient alarmés les bruits de trahison. L'Église voulait qu'un juif fût ce coupable, pour que la vraie religion, rattachée par l'événement au culte de la patrie, reprît sur les esprits l'empire qu'elle avait perdu au cours des dernières années.

L'accusateur le plus acharné de Dreyfus, celui qui commit des crimes qui le firent chasser de l'armée et eussent dû le conduire au bagne, le lieutenant-colonel du Paty de Clam, était en relations avec le Père du Lac. L'accord de l'armée et de l'Église se noua dans un commun esprit de corps, dans une commune raison d'État.

La preuve de la culpabilité de Dreyfus fut fabriquée par le lieutenant-colonel Henry. Et lorsque ce crime eut été découvert et que le coupable se fut fait justice, qui donc, dans le désarroi où se trouvaient les gens de la haute armée, rendit le courage et l'audace aux adversaires de la justice ? Qui proclama la raison d'État et fit taire les dernières pudeurs de ceux qui ne voulaient tout de même pas aller jusqu'à se solidariser avec un faussaire? Un de vos amis et disciples, un « clerc laïque » comme vous, M. Charles Maurras, athée et païen d'esprit et de cœur, clérical et monarchiste par volonté réfléchie.

M. Charles Maurras appartient au petit groupe d'hommes cultivés qui ont entrepris la démolition de Voltaire, la critique du *Tartufe* et la réfutation de Pascal. Ce petit groupe d'universitaires et de littérateurs, qui va de M. Émile Faguet à M. Maurice Barrès, prise fort la casuistique des jésuites. Ces messieurs y voient une marque de précieuse complexité d'esprit, de large et humaine compréhension ; raffinés comme des barbares qui auraient achevé leur éducation à Byzance, ils admirent les ressources que la morale et la politique de la Société de Jésus mettent aux mains de ceux qui veulent justifier leurs actes, quels qu'ils soient, et colorer de principes tous les intérêts et toutes les passions.

Jugeant que l'esprit public était suffisamment préparé par la surexcitation mystique du patriotisme dévié auquel on le soumettait depuis des années, M. Charles Maurras joua le tout pour le tout. Dans un article retentissant, il glorifia le colonel Henry de s'être dévoué au salut commun.

« En attendant que la justice lui rende les honneurs qu'il a mérités, déclara-t-il, les Français ont voué un culte domestique à ce bon citoyen, à ce brave soldat, à ce serviteur héroïque des grands intérêts de l'État. »

La vérité est qu'à ce moment les Français avaient si peu voué un culte quelconque au colonel Henry, que les journaux nationalistes, de *l'Echo de Paris* à *la Patrie*, reconnaissaient que l'aveu du faussaire entraînait la revision du procès de Dreyfus. Cet aveu, qui était un désastre pour les gens de la haute armée, les gens de l'Église devaient en faire un triomphe, grâce à la faiblesse des hommes du pouvoir et à l'état de perversion où était l'esprit public.

S'emparant d'une des maximes capitales du jésuitisme et la faisant sienne, M. Charles Maurras ajoutait :

« Ces falsifications sont permises et légitimes. Celle d'Henry était utile, s'il est vrai qu'en certains sujets la foule est une enfant et l'opinion publique une véritable mineure[1]. »

1. *Gazette de France*, 6 septembre 1988.

L'opinion accepta, et du coup justifia l'idée méprisante que M. Charles Maurras avait d'elle. La Congrégation montrait ses ressorts secrets : la foule abêtie consentit à être mystifiée, chacun pensant à part soi qu'il mystifiait lui-même son voisin. La plus honteuse stupidité s'allia ici à la plus abjecte immoralité. Seuls les socialistes avaient tenu bon dans cet effondrement intellectuel et moral, et c'est autour d'eux que vinrent se grouper les autres républicains à mesure que leur apparurent les conséquences politiques de cette catastrophe.

A la même époque, le Conseil général de Maine-et-Loire, que nous venons de voir, ces jours-ci, supprimer toute subvention aux écoles communales de ce département, votait l'ordre du jour suivant :

« Le Conseil général émet un vœu invitant le Gouvernement à mettre ses actes d'accord avec les paroles du ministre de la Guerre, à prendre les mesures énergiques que lui confèrent les lois et, au besoin, à mettre un terme à la campagne odieuse menée contre l'armée par un acte d'autorité que justifierait, dans les circonstances présentes, la raison d'État, c'est-à-dire l'intérêt supérieur du pays[1]. »

1. Session d'août 1898.

J'admire le jésuite qui a rédigé cet ordre du jour. Il invoque les lois et, « au besoin », un « acte d'autorité » que les lois ne permettraient pas, mais que « justifieraient » les « circonstances présentes ». Il ne dit pas en termes explicites qu'il faut violer les lois, mais son invocation à la « raison d'État » est suffisamment claire.

Cette raison d'État, qui fait dire à M. Charles Maurras que des « falsifications sont permises et légitimes », c'est au cœur même de la morale des jésuites qu'il faut en aller chercher les maximes essentielles. Relisez la quinzième lettre des *Provinciales*, Monsieur : si, selon Caramuel, « il est constant que c'est une opinion probable qu'il n'y a point de péché mortel à calomnier faussement pour conserver son honneur ; car elle est soutenue par plus de vingt auteurs graves, par Gaspard Hurtado et Discatillus, jésuites », tout s'éclaire et s'explique. L'armée et l'Église peuvent, « pour conserver l'honneur » du corps, accuser et sacrifier un innocent, et glorifier le faussaire dont l'œuvre fut de le représenter comme coupable.

Tout, vous dis-je, s'éclaire et s'explique, quand nous voyons l'Église, l'armée, leurs défenseurs, proclamer nécessaire la raison d'État et légitimer les falsifications et les calomnies. Et vous adhérez vous-même à cette doctrine, puisque vous écrivez :

« La plus basse superstition sortie de la Révolution française et de la Déclaration des Droits de l'Homme, c'est de croire qu'il y a des hommes, une humanité. Ces masses flottantes d'individus à peine conscients n'ont jamais existé, pour César ou Napoléon, que comme une vague matière qui ne doit servir qu'à la réalisation des rêves du génie [1]. »

Donc, pour vous comme pour M. Charles Maurras, « la foule est une enfant et l'opinion publique une véritable mineure ». Pour vous, comme pour M. Maurras, il faut lui offrir des mensonges pieux, et sauver « l'honneur » en « calomniant faussement ». J'ai été bien naïf, Monsieur, de vous prouver tout à l'heure que M. de Freycinet n'a pas parlé, dans le sens que vous dites, ni dans aucun sens, des trente millions du syndicat devant les juges de Rennes. Je serais bien sot de me défendre, et avec moi les francs-maçons, *dont je suis*, de votre accusation qui nous met « à la solde de l'étranger [2] ». Je me borne à

1. *La Voix nationale*, 27 septembre 1902.
2. *Id.*

relire la quinzième *Provinciale*, et je vous prie de la relire avec moi :

« Vous savez, mes Pères, qu'en 1649, M. Puys traduisit en français un excellent livre d'un autre Père Capucin, touchant « le « devoir des chrétiens à leur paroisse contre « ceux qui les en détournent », sans user d'aucune invective et sans désigner aucun religieux ni aucun ordre en particulier. Vos Pères prirent néanmoins cela pour eux ; et, sans avoir aucun respect pour un ancien pasteur, juge en la primatie de France et honoré de toute la ville, votre P. Alby fit un livre sanglant contre lui, que vous vendîtes vous-mêmes dans votre propre église le jour de l'Assomption, où il l'accusait de plusieurs choses, et entre autres de « s'être rendu scan-« daleux par ses galanteries, et d'être suspect « d'impiété, d'être hérétique, excommunié, « et enfin digne du feu ». N'est-il donc pas vrai, mes Pères, ou que vous étiez des calomniateurs, ou que vous croyiez tout cela de ce bon prêtre ; et qu'ainsi il fallait que vous le vissiez hors de ses erreurs pour le juger digne de votre amitié ? Écoutez donc ce qui se passa dans l'accommodement qui fut fait en présence d'un grand nombre des personnes de la ville, dont les noms sont au bas de cette page, comme ils sont marqués dans l'acte qui en fut dressé le 25 septembre 1650. Ce fut en présence de tout ce monde que M. Puys ne fit autre chose que « déclarer que ce qu'il « avait écrit ne s'adressait point aux Pères « Jésuites : qu'il avait parlé en général contre « ceux qui éloignent les fidèles des paroisses, « sans avoir pensé en cela attaquer la société, « et qu'au contraire il l'honorait avec amour ». Par ces seules paroles, il revint de son apostasie, de ses scandales et de son excommunication, sans rétractation et sans absolution ; et le P. Alby lui dit ensuite ces propres paroles : « Monsieur, la créance que j'ai eue « que vous attaquiez la compagnie dont j'ai « l'honneur d'être, m'a fait prendre la plume « pour y répondre ; et j'ai cru que la manière « dont j'ai usé m'étais PERMISE[1]. Mais, connais- « sant mieux votre intention, je viens vous « déclarer qu'il n'y a PLUS RIEN qui me puisse « empêcher de vous tenir pour un homme « d'esprit très éclairé, de doctrine profonde « et ORTHODOXE, de mœurs IRRÉPRÉHENSIBLES, « et, en un mot, pour un digne pasteur de

1. Ce n'est pas moi qui souligne deux fois. C'est Pascal. Il fait mieux que prévoir les « falsifications » qu'a « permises » également M. Charles Maurras : il nous en indique la source doctrinale.

« notre Église. C'est une déclaration que je « fais avec joie, et je prie ces messieurs de « s'en souvenir. »

Par ce récit documenté, Pascal nous livre votre secret. Et nous apprenons comment M. Drumont a pu couvrir de fleurs le président Félix Faure après l'avoir, pendant des années, accusé de profiter des vols de son beau-père, le banqueroutier Belluot. Du moment où M. Félix Faure cédait à la pression nationaliste, il devenait pour M. Drumont un homme « de mœurs irrépréhensibles ». Naguère, M. Jules Lemaître, qui tient le mensonge quotidien comme nécessaire à la politique, disait :

« Ce que j'admire, c'est la bonté, la crédulité, la stupidité de ce peuple qui a si longtemps pris et prend encore peut-être M. Rochefort pour un de ses prophètes[1]. »

Aujourd'hui que M. Rochefort est nationaliste comme M. Jules Lemaître, et qu'il a prouvé la fermeté de son « orthodoxie » en demandant les pires supplices pour les magistrats de la Cour de Cassation, coupables de n'avoir pas incliné la loi et le droit devant la raison d'État, M. Rochefort est relevé de l'ana-

1. *Les Contemporains*, 3e série, pp. 296-315.

thème, et je ne doute pas que M. Jules Lemaître « prie ces messieurs de s'en souvenir ».

Toute protestation, toute dénégation vous est impossible, Monsieur. Vous considérez le peuple comme un enfant ; oubliant que la vérité entre dans le respect dû à l'enfant, vous acceptez qu'on le conduise avec des mensonges, puisque, la foi que vous voulez qu'il garde, vous-même ne l'avez pas. Les affirmations intéressées du général Mercier, la raison d'État vous les fait accepter pour un témoignage sincère. Vous savez qu'on ne nous a pas donné trente millions, mais la raison d'État vous *permet* de le dire tout de même.

Que nous cessions de défendre la vérité, la justice, le droit humain, et nous n'aurons pas reçu seulement trente deniers. Et « c'est une déclaration que vous ferez avec joie ».

XXVIII

UNE DOCTRINE DE MORT

En somme, vous qui êtes un homme de savoir, et qui fondez votre conception générale du monde vivant sur la théorie de l'évolution, vous servez la cause des partisans de l'ignorance et de l'immobilité. La science agrandit le domaine de l'homme, et vous vous mettez avec ceux qui veulent le parquer dans d'étroits et obscurs cantons. Votre ascétisme, si douloureusement affirmé dans votre livre en plus de vingt pages, se révolte contre l'aspiration à la vie complète qui anime et soulève les travailleurs. Pour les détourner de cette « porcherie », vous appelez le massacre à votre aide. Mais, de cette porcherie des jouissances de la vie qui répugne à votre ascétisme, vous ne songez pas à écarter ceux qui s'y vautrent actuellement. Il n'y a pas une ligne des trois cents pages de votre livre qui réprouve même l'abus que les mauvais riches font des biens de ce monde Un chrétien, nourri des Pères de l'Église, n'y eût pas manqué. Mais vous n'êtes pas chrétien : vous êtes clérical, et ce qui est pis : un clérical athée.

Pourquoi donc allez-vous délibérément de la lumière aux ténèbres? Les motifs que j'ai dits ne me paraissent pas suffisants pour expliquer cette abdication. Il n'est pas possible que la science, même interprétée insuffisamment et inexactement, entraîne ainsi un esprit dans l'obscurité. Des erreurs de méthode peuvent le fourvoyer dans une impasse et l'immobiliser. Mais vous n'êtes pas dans une impasse, vous n'êtes pas arrêté : vous allez à reculons. Ne demandiez-vous pas, il y a quelques jours, le rétablissement de la torture[1] ! N'êtes-vous pas des amis politiques de ce colonel Rousset qui s'écrie : « Les instituteurs, voilà la plaie du pays[2] ! » de M. Jules Lemaître qui demande, dans *l'Écho de Paris*, « la suppression du budget de l'instruction publique ! » de ces Bretons nationalistes auxquels il faut des interprètes pour se faire entendre devant un tribunal français ! (procès Croc, septembre 1902), du conseil

1. *Voix nationale* du 6 septembre 1902.
2. *Gaulois* du 7 mai 1902.

municipal nationaliste de Paris qui, à son premier budget (1900), retranche près d'un million et demi aux divers chapitres de l'enseignement!

Vous êtes professeur en Sorbonne, directeur à l'École des Hautes-Études; vous ne pouvez donc haïr le savoir, qui a fait l'objet de toute votre vie, et auquel vous avez sacrifié toutes les autres jouissances. Y a-t-il donc, selon vous, des gens qui sont nés pour savoir, et des gens qui doivent ignorer?

Je n'ose vous attribuer, malgré tant d'apparences, une pensée aussi stupide. Je ne puis pas, en effet, admettre facilement que vous ignoriez le rapport étroit et constant qui existe entre tous les membres de la communauté humaine. Quoi! Monsieur, aurais-je à vous apprendre qu'il est aussi impossible à un peuple plongé dans la barbarie de produire à son sommet les fleurs de l'art et les fruits de la science qu'à un chardon de produire des roses!

Et, me remémorant le sombre ascétisme qui est la règle et la joie de votre laborieuse existence, c'est en lui que je chercherai l'explication de votre attitude. Je l'ai cherchée dans votre science, j'ai eu tort. C'est dans votre conscience qu'il me faut pénétrer, puisqu'à tout prix je prétends vous expliquer, vous excuser.

Nietzsche était dur par sensibilité exaspérée, et j'ajoute, inemployée. C'est par lui que je puis aller jusqu'à vous. Pas plus que lui, vous n'avez vécu la vie : vous l'avez pensée. Ce retranchement de toutes les joies et de toutes les douleurs qui apparentent la plus humble ouvrière aux reines de nos salons, nous a été utile. Il était sans doute la condition et la rançon de votre œuvre scientifique. Vos parents, dont vous nous parlez avec une ferveur communicative, ont été pour vous toute la famille, et vous vivez pieusement dans ces souvenirs embaumés de respect et d'amour. Mais ils ne survivent que dans votre piété filiale, et, quand vous serez allé les rejoindre, il ne restera d'eux que les admirables pages que vous leur avez consacrées. Ils ne revivent pas sous vos yeux, vous ne retrouvez pas leurs traits, leurs regards, le son de leur voix, leur attitude, dans des êtres qui aient reçu de vous l'existence. Ah! Monsieur, si vous étiez père, vous sauriez rattacher à la vénération du passé l'amour de l'avenir, et ce n'est pas seulement vers des souvenirs que vous tourneriez vos regards.

Vous vivez « en clerc » de cette vieille Sorbonne que vous aimez surtout dans son passé. Mais l'austérité de ces ecclésiastiques n'avait pas seulement, comme la vôtre, sa fin en soi. En outre des jouissances que leur procurait l'étude, ils avaient l'espérance radieuse de posséder le savoir absolu le jour où ils auraient dépouillé leur enveloppe terrestre et rejoint leur créateur. Leur labeur avait un but, il n'était pas lui-même un but ; et vous ne savez même pas si vos travaux seront continués quand vos mains auront abandonné le microscope.

Relisons ensemble, Monsieur, la page désespérée qui ferme votre livre, le scelle comme une pierre funéraire. C'est par elle que je conseille à tous, amis et ennemis, d'en commencer la lecture, comme on recommande de lire l'épitaphe avant de pénétrer dans un tombeau.

Cette page, qui explique votre adhésion au nationalisme, en prononce en même temps la condamnation. Vous le dénoncez du coup comme l'expression la plus achevée de la haine contre toute expansion de la vie individuelle et sociale. Vous alliez et veniez, paisiblement, des morts que vous disséquez dans votre laboratoire à ceux que vous vénérez dans votre famille et dans notre race, lorsque, soudain, un grand tumulte vous a fait lever la tête. Vous vous êtes enquis, et, dans les cris que poussaient des forcenés, vous avez distingué la glorification de la mort et l'aspiration au néant. Alors, dans cette danse macabre de vers grouillant sur un sépulcre entr'ouvert, vous êtes entré pour appeler les vivants aux délices funèbres du non-être.

Écoutez, ô vous qui voulez vivre et voulez que l'on vive, en quels termes le chorège de la mort vous invite à vous déprendre de cette folie qu'est la vie :

« Il ne reste donc qu'un refuge à la raison de l'homme, ainsi frappée de stupeur devant l'inconnaissable et convaincue que là est la limite de toute pensée, c'est-à-dire de toute représentation mentale : le renoncement et la résignation sans espoir. Ce désespoir, beaucoup l'ont connu, quelques-uns l'ont violemment senti. Je parle du petit nombre de ceux qui ont su se passer d'espérances, qui ont doucement écarté les livres saints des religions, non sans s'incliner avec tendresse devant les symboles divins qui, du fond des sanctuaires, éclairent vaguement, rassurant et consolant le troupeau effaré des âmes tristes et dolentes que la mort pousse dans l'abîme.

« C'est pourtant là, dans ces profondeurs de l'abîme, qu'est le salut pour l'homme; c'est là qu'il se repose enfin, dans l'inconscience, et non dans le sommeil dont parle Hamlet, des rêves cruels de l'existence. S'il est incompréhensible que l'univers ait une origine et une fin, au moins la conscience individuelle, sans avoir plus de *raison* d'être, commence et finit, et la mort elle-même est la seule revanche assurée que nous puissions saisir contre l'horrible destin qui, au cours de l'évolution d'une planète, fait apparaître, pour les détruire, ces milliers de faunes et de flores dont la production n'a certes pas eu plus de raison que la destruction.

« Cette lutte pour la vie, inutile carnage qui de cette Terre fait un charnier, ne nous semblerait pas seulement, si c'était œuvre humaine, d'une hideuse cruauté : elle nous paraîtrait bête, au sens où la mort, dans *la Tentation de saint Antoine*, parle de « la bêtise du soleil ». Pris dans sa masse et dans son éternité, l'univers est certainement moins intelligent que le dernier des protozoaires. C'est qu'il ne souffre pas. Toute vie psychique, toute vie de l'esprit et de l'âme, a grandi dans la souffrance : elle n'est délivrée de la douleur que par la mort[1]. »

Le salut est dans la mort. Voilà votre ultime pensée devant l'énorme et insouciante fatalité des choses dominant les êtres. Votre esprit a sondé cet abîme d'horreur, et vous nous en rapportez l'épouvante. Les philosophies confrontées se détruisent, les théologies se contredisent dans leurs rêves consolateurs du mal de vivre, les sciences s'accordent à nous prouver l'anéantissement de l'être conscient par le formidable et stupide inconscient universel. Cette horreur, il faut l'épargner aux hommes ; il faut leur laisser les mensonges qui font de leur vie une espérance, cacher sous des fleurs le fer du sacrifice inévitable. La poignante vérité les emplirait de trop de terreur et de trop de fureur. Par pitié pour ceux qui sont incapables de résignation stoïque et fière, et afin qu'ils passent décemment leur courte et inutile existence, il faut leur offrir le stupéfiant qui abolit en eux le sens du réel ou les empêche de le percevoir.

Vos paroles, Monsieur, font écho à l'immense désespoir de Pascal. Mais ce n'est pas

1. *Campagne nationaliste*, méditation IV, pp. 293-294.

votre angoisse que vous voulez endormir dans le berceau où l'humanité chanta ses premiers rêves : c'est l'angoisse de tous les humains, et vous envisagez votre anéantissement d'un regard ferme. Ainsi s'explique honorablement pour vous le mépris où vous tenez l'aspiration au mieux-être manifestée par le peuple ouvrier. Il tient au mépris encore plus grand que vous professez pour la vie de jouissances où se complaisent les éphémères détenteurs de la richesse. Puisque vivre est un mal, moins on vit, mieux cela vaut. Et puisque la religion est la plus magique consolation au mal de vivre que les hommes aient imaginée, puisque les apparences qu'elle offre dérobent au regard de la pensée les cruautés du réel, il faut détourner les hommes des prétendus biens de la vie et les attacher aux promesses de l'au-delà.

Eh bien, Monsieur, si vous aviez vous-même la foi, il se pourrait que vous eussiez prise sur nos esprits lassés, étourdis par le vertige de l'incessant et stupide recommencement universel. Mais votre orgueil maintient le nôtre. Votre noble protestation d'être pensant contre l'aveugle mécanisme des forces qui nous suscitent et nous font disparaître, de quel droit nous déclarez-vous incapables de nous y associer? Nous ne voulons pas de votre pitié dédaigneuse, je la refuse pour le plus infime de nos frères en humanité, et je réclame pour lui son droit à regarder la vérité en face, dût-elle le faire mourir d'épouvante.

Si vous aviez la foi, si vous étiez chrétien, vous ne nous proposeriez pas la discipline d'une Église dégénérée qui ne se souvient même plus qu'elle a institué la trêve de Dieu et tenté, à plus de vingt reprises, de faire vivre en paix les peuples chrétiens acharnés à se combattre. Ce rôle, que l'Église d'à présent refuse au point que le pape a pu laisser récemment égorger trois cent mille Arméniens sans esquisser même un geste de protestation, le socialisme international l'a repris. Et, au nom du Moloch pseudo-darwinien qui veut des sacrifices humains, vous ajoutez vos anathèmes à ceux de l'Église contre les artisans de la paix universelle!

Mais ce n'est pas en vain que l'étude a élargi votre cerveau, puisque c'est dans votre pensée elle-même que nous trouvons un refuge contre votre pensée. Nous tirons de votre cri de désespoir final le prélude du chant d'espérance que nous lancerons en défi aux forces hostiles de l'univers. Car c'est de la contradiction suprême, synthèse des contradictions où votre esprit s'est débattu à chacune des trois cents pages de votre livre, que jaillit la lueur de vérité qui éclairera notre marche vers les destins futurs.

Quoi! vous nous avouez que la lutte pour la vie est inutile et que, si elle était œuvre humaine, elle vous semblerait hideuse, cruelle et bête! Quoi! vous proclamez que le dernier des êtres vivants est plus intelligent que l'univers! Et vous ne voulez pas que nous tirions de ces deux constatations des motifs d'espérance et de joie! Comment un trait aussi lumineux a-t-il pu surgir au sommet de votre œuvre sans en dévorer tous les feuillets de sa flamme purifiante?

Puisque le dernier des êtres vivants sait qu'il existe, et que l'univers s'ignore, l'homme, qui est le premier des êtres vivants, serait bête, hideusement cruel et lâche, d'une incommensurable lâcheté d'esprit et de cœur, si, de tout son vouloir, de tout son pouvoir, il n'échappait pas à la loi de la lutte pour l'existence. Mais regardez-le, Monsieur, regardez-le autrement que par votre microscope analytique, regardez-le vivant et agissant — et non étendu sur le marbre de l'amphithéâtre — et vous l'apercevrez substituant la coopération à la lutte à mesure que vous lui révélez l'univers et lui apprenez inconsciemment à le dominer.

M'opposerez-vous les lois de l'univers, que nous pouvons connaître, mais non éluder? Il importe peu, en effet, que la foudre qui nous frappait jadis sans défense possible serve aujourd'hui à nous transporter rapidement d'un lieu à un autre, et que le messager du vieux Jupiter tonnant transmette notre pensée et notre volonté aux extrémités du monde habité. Il ne sert de rien que nous aménagions le globe avec plus de facilité que n'en eut l'homme primitif pour se construire une hutte de branchages. Qu'est-ce que cette misérable conquête de l'être pensant sur l'immensité inconsciente, puisque c'est celle-ci qui a le dernier mot, et que son geste machinal, stupide de régularité, nous appelle du néant et nous y rejette, sans que nous ayons su comment ni pourquoi? Et quand nous aurons réconcilié dans l'amour et dans la joie notre famille humaine; quand nous aurons épargné la peine et la souffrance à nos frères les animaux en donnant leur tâche aux machines, nous serons-nous les uns et les autres soustraits à l'affreuse et inutile domination de la chose sur l'être?

C'est ici, Monsieur, qu'il faut un stoïcisme supérieur au vôtre, et j'ose dire que l'humanité en est digne, sinon en réalité présente, du moins en devenir. J'admets avec vous, quoique vous ne le sachiez pas plus que moi, que l'univers n'ait ni sens ni but. Mais je sais que la vie existe, qu'elle prend pour chacun de nous un sens et qu'elle s'assigne un but. Et cela me suffit pour l'aimer, pour m'attacher à elle dans toutes ses manifestations, pour me donner à moi-même une raison d'être et d'agir. Pourquoi aurais-je peur d'elle, dès que je me suis identifié à elle? Pourquoi, m'étant ainsi épris d'elle, craindrais-je de m'en séparer, de ne plus être? Je sais qu'elle sera après moi, fortifiée et magnifiée à la mesure des efforts que je lui aurai consacrés. Oui, mais je sais aussi que ces efforts, et des milliards d'autres, ne la sauveront pas de la victoire finale, au moins sur notre globe, de l'inconscient sur le conscient, du mécanisme aveugle sur l'action réfléchie...

Eh bien, est-ce que l'univers est limité au petit morceau de boue sur lequel nous nous agitons? La vie finira ici, soit. Il est épouvantable de songer qu'alors tout ce que nous avons pensé, tout ce que nous avons créé, sera rejeté dans l'infini. Mais la vie est partout, dans cet infini, et partout soumise aux mêmes lois de recommencement et de destruction. Mais, aussi, voilà le sujet d'épouvante et de dérision, que tant d'efforts vers la conscience universelle où s'épuisent les consciences individuelles soient ainsi méprisés et broyés par le stupide jeu des forces...

Oui, c'est ici qu'il faut nous affermir l'esprit, et nous montrer plus braves que nos aïeux gaulois : ne pas même craindre la chute du ciel. C'est ici qu'il faut transformer en héroïsme notre stoïcisme, non plus nous tendre pour supporter le choc sans frémir, mais nous élancer, et de notre choc assaillir les forces hostiles, et nous y installer comme dans une forteresse conquise. C'est ici qu'il faut élever jusqu'au sublime la notion de la lutte pour l'existence, et tourner toutes nos armes, dont trop longtemps nous nous sommes déchirés, contre le monstre qui n'a même pas le plaisir de son jeu féroce. C'est lui qu'il faut vaincre et dominer.

Et qui sait si nous ne réaliserons pas ainsi son obscur dessein...

FIN

TABLE DES MATIÈRES

TOURS
IMPRIMERIE DESLIS FRÈRES
6, rue Gambetta, 6

9603. — L.-Imprimeries réunies, rue Saint-Benoît, 7, Paris.

www.ingramcontent.com/pod-product-compliance
Ingram Content Group UK Ltd.
Pitfield, Milton Keynes, MK11 3LW, UK
UKHW020600230726
13926UKWH00005B/2126

9 782016 118917